L'islam en 50 clés

Du même auteur

L'argent des Arabes, Hermé, 1992.
Les réseaux d'Allah, Plon, 1997.
L'atlas des religions, Perrin, 1993 ; réédit. 1999.
Dictionnaire de l'islam, Plon, 2002.
Liberté, égalité, islam : la République face au communautarisme (en collaboration avec René Andrau), Tallandier, 2005.

Antoine Sfeir

L'islam en 50 clés

Bayard

ISBN 10 : 2-227-47623-0
ISBN 13 : 978-2-227-47623-3

3 et 5, rue Bayard, 75393 Paris Cedex 08

Sommaire

I – 12 clés pour savoir : L'islam et son histoire

II – 12 clés pour comprendre : Le Coran, livre de la révélation divine

III – 12 clés pour rencontrer : La pratique de la foi musulmane

IV – 14 clés pour vivre ensemble : Le monde musulman

Postface

Annexes

Introduction

Entrer dans une compréhension réciproque

L'islam est aujourd'hui la deuxième religion en France et dans le monde. Il y a là, déjà, une raison suffisante pour nous inviter à mieux connaître, mieux reconnaître et comprendre qui sont les musulmans qui vivent parmi nous et quelles sont leurs croyances.

Les tragiques événements du 11 septembre 2001 constituent une raison supplémentaire de nous intéresser à l'islam. Non point que nous soyons tentés par un quelconque amalgame. Les actes terroristes de New York et Washington ont bien été le fait d'un islam dévoyé à condamner sans réserve. De même les attentats de Madrid (2004) et de Londres (2005) comme ceux de Casablanca (2003), de Riyad (2003-2004) ou encore ceux d'Égypte à Taba (2004), Charm el Cheikh (2005) et Dahab (2006). Et si la menace islamiste demeure, elle ne justifie aucunement des propos réducteurs sur une croisade du bien contre le mal. Mais il reste vrai que la personnalité des terroristes a suscité, en France, une curiosité mêlée d'inquiétude vis-à-vis de l'islam. On n'a jamais autant vendu de traductions du Coran et d'ouvrages de vulgarisation sur le monde musulman.

Ces approches demeurent pourtant souvent peu accessibles à un large public. L'ambition de cet ouvrage est de combler ce vide.

Ces cinquante clés pour savoir, comprendre et vivre avec l'islam sont une invitation à pénétrer un monde qui nous est à la fois si proche et si lointain, qui nous interpelle au quotidien et qui apparaît hermétiquement clos à notre mentalité ou du moins à notre manière de penser.

Ces clés ne prétendent pas être exhaustives : elles présentent une connaissance élémentaire de ce qu'est l'islam. Elles reviennent dans une première partie sur les fondements historiques de cette religion qui est aujourd'hui la seconde dans le monde et en France. Comment vouloir en effet comprendre ce qui se passe si on ne se penche pas sur l'environnement dans lequel l'islam est né et dans lequel a vécu le prophète Mahomet.

Dans une deuxième partie, nous nous sommes efforcés de mettre en relief les textes et les « dogmes » de l'islam, de les expliciter et surtout d'articuler les propos centrés autour du Coran, le Livre saint, la parole divine « descendue » sur le Prophète, d'en souligner son « inimitabilité ». L'importance de la langue arabe donne une primauté naturelle aux Arabes, bien que ces derniers ne représentent qu'un sixième des musulmans dans le monde.

La pratique de l'islam constitue notre troisième partie. Les piliers de l'islam (témoignage, prières, jeûne, aumône et pèlerinage) ponctuent la vie du musulman. Ils s'accompagnent de rites et de rituels aussi importants que les actes et les paroles.

Enfin il fallait bien conclure par une partie consacrée au vouloir vivre en commun. Les musulmans représentent aujourd'hui en France plus de 8 % de la population. La République laïque et citoyenne a été une chance pour certains d'entre eux, notamment pour les filles de la troisième génération. Mais des problèmes persistent. Faut-il les occulter ou les mettre à plat pour mieux les régler ?

Il a fallu malheureusement le 11 septembre 2001 pour nous rappeler que l'islam contemporain n'est pas immobile. Il est parcouru par des courants divers dont les uns, traditionalistes, refusent toute évolution, tandis que d'autres sont d'orientation résolument moderne.

L'islamisme, aujourd'hui incarné dans sa forme violente par Oussama Ben Laden et, dans sa forme « tranquille », par des courants divers tels les Frères musulmans, profite de ces tiraillements au sein de l'islam pour instrumentaliser Dieu et la religion, tout au moins par sa propre interprétation, pour prendre le pouvoir au sein de la communauté des croyants.

Une des manières les plus efficaces, utilisées en particulier par les soldats de Ben Laden, pour monopoliser le débat est de brandir à la fois l'étendard de la victimisation des populations musulmanes – qui est réelle mais certainement pas exclusive – et celui de la guerre, inévitable à leurs yeux, entre l'islam et l'Occident. Là se trouve le risque le plus important, sans doute. Il y a aujourd'hui une guerre déclenchée par des musulmans. Cette guerre a tué des femmes et des hommes dont de nombreux musulmans. On oublie en effet de préciser que les premières victimes de l'islamisme sont les musulmans eux-mêmes.

Tenir un discours avec des relents de croisades et de guerre entre le bien et le mal, rentrer dans le piège de la guerre entre islam et Occident serait tout simplement donner raison à Ben Laden.

Sauf mention particulière, les versets du Coran reproduits dans cet ouvrage sont extraits de la traduction de D. Masson (Bibliothèque de la Pléiade, Gallimard, 1967).

12 clés pour savoir

L'islam et son histoire

Qu'est-ce que l'islam ?

L'islam est la troisième religion monothéiste dans le monde. *Islam* veut dire littéralement abandon, soumission à Dieu. La racine arabe du mot est *SLM* qui veut dire « paix ». *Aslama*, le verbe, signifie se soumettre, s'abandonner, se rendre, sous-entendu à Dieu, l'Unique. En islam, toute l'humanité a vocation à s'abandonner, à se soumettre un jour ou l'autre à Dieu.

Mektoub : « C'est écrit »

L'islam signifie abandon, soumission à la volonté miséricordieuse de Dieu. Est-ce à dire que l'islam est fataliste ? Que les musulmans sont passifs et résignés ? Tout n'est-il pas décrété par le Très-Haut ? On pourrait donc croire que le salut et la perdition ne dépendent pas de la volonté du croyant ?

Le problème est plus complexe. Si l'on se réfère au dogme de l'unicité de Dieu, le pouvoir d'Allah est absolu et sa volonté est arbitraire : « Je n'ai créé les Djinns et les hommes que pour qu'ils m'adorent » (sourate 51, v. 56). Tout lui obéit, y compris les hommes, qui doivent se soumettre. Ainsi l'homme doit mériter son salut en devenant un bon musulman, en obéissant aux préceptes, à la loi islamique (la *chari'a*, qui veut dire littéralement « la voie à suivre »), aux interdits, à ce qui est licite et à ce qui ne l'est pas... C'est Dieu qui montre à l'homme la voie droite pour atteindre le paradis. L'homme est « libre ». En ce sens, le Coran peut apparaître comme un message volontariste.

Mais on connaît la réponse de bien des musulmans confrontés à certains drames de la vie : *mektoub*, « c'est écrit », sous-entendu par Allah. Si le fatalisme peut sembler une exagération de l'attitude de confiance sereine exigée de tout croyant pieux, le déterminisme, dans l'islam, semble lui aussi omniprésent.

Religion née dans les sables du désert d'Arabie au début du VIIe siècle de notre ère, au cœur d'un peuple de nomades, l'islam s'articule autour de trois éléments fondateurs :

- **Allah**, Dieu unique, mais aussi unicité de Dieu, qui n'a pas d'associé, qui n'a pas engendré ni n'a été engendré ;

• **Mahomet** (Mouhammad, en arabe) son messager, le Prophète ;
• **le Coran**, le Livre saint qui contient les paroles divines dictées par l'archange Gabriel à l'envoyé de Dieu, Mahomet. Le Coran est la source première de l'islam avec les *hadith*, qui sont les dits et les comportements du Prophète, rapportés par ses compagnons et qui constituent la *Sunna*, c'est-à-dire la Tradition.

Fondé sur le Dieu unique et son prophète Mahomet, l'islam s'est répandu avec une rapidité vertigineuse et a gagné une bonne partie de la planète. Il a bâti une civilisation prestigieuse, édifié de grandes villes, inspiré des historiens, des philosophes, des savants… toute une culture qui est celle de plus d'un milliard d'habitants de notre terre aujourd'hui.

L'unicité de Dieu : le dogme fondamental

L'un des dogmes fondamentaux de l'islam est l'unicité de Dieu. Il ne s'agit pas seulement de « croire en un seul Dieu », mais d'affirmer, dans une démarche de monothéisme absolu, qu'« il n'y a de Dieu que Dieu ». Dieu n'a pas été engendré et il n'a pas engendré. Il n'a pas d'associé.

Cette affirmation vise bien entendu les chrétiens, qui sont des « associateurs », et que le Coran condamne violemment : pour avoir associé à Dieu Jésus et Marie, il les accuse d'avoir détourné le message divin. Alors que le dogme de la Trinité est constitué de Dieu le Père, du Fils Jésus et du Saint-Esprit, et non pas du Fils, du Père et de Marie, comme le pense l'islam. On voit dans cette confusion le signe de l'influence des nestoriens, une des branches du christianisme oriental : partisans de Nestorius, patriarche de Constantinople, ils prônent la double nature du Christ, divine et humaine, refusant à Marie le titre de Mère de Dieu et la reconnaissant comme Mère du Christ. En dépit de cette confusion, le Coran n'admet pas qu'on puisse donner à Dieu des égaux : « Oui, ceux qui disent : "Dieu est en vérité le troisième de trois" sont impies » (sourate 5, v. 73) ou encore : « Croyez donc en Dieu et en ses prophètes. Ne dites pas : "Trois" » (sourate 4, extrait du v. 171). Sous cet angle, l'islam combattra violemment toute forme de polythéisme, aussi bien celui des païens que celui qu'il attribue aux chrétiens en considérant la doctrine de la Trinité comme un trithéisme.

Qui est Mahomet ?

Mahomet (*Mouhammad* en arabe) est né vers 570 de notre ère dans la ville de La Mecque. Il fait partie de la tribu des Koreiche et du clan des Hachem – c'est pourquoi on appelle le roi de Jordanie le souverain hachémite : pour souligner sa filiation directe avec le Prophète.

Le caravanier pauvre

Orphelin de père et de mère à six ans, il est recueilli par son oncle Abou Taleb, qui le traitera comme son fils ; il grandira avec son jeune cousin Ali. Mahomet deviendra caravanier, c'est-à-dire qu'il transportera les marchandises venues du monde indien (épices, soies, textiles, etc.) jusqu'en Mésopotamie et en Syrie. À l'occasion de ces voyages, il rencontrera des tribus juives et chrétiennes, dont des nestoriens, ces chrétiens qui privilégient la double nature humaine et divine du Christ et qui, depuis le concile de Chalcédoine en 451, ont été exclus de l'Église. C'est auprès d'eux que Mahomet s'initiera aussi bien à la Torah qu'aux Évangiles.
Il semble que Mahomet, trop pauvre, soit resté célibataire plus longtemps qu'il était alors d'usage.

L'époux fidèle

Il va bientôt travailler chez Khadija. Cette femme veuve, deux fois mariée, est riche et dirige elle-même ses affaires. Elle a remarqué Mahomet et lui a demandé de conduire ses caravanes, les plus importantes de La Mecque, en Syrie. Khadija décide d'épouser cet employé séduisant devenu son homme de confiance, et ce, malgré la différence d'âge : elle a quarante ans et Mahomet vingt-cinq seulement. Le mariage est célébré en 595.
Devenu un personnage considéré qui n'est plus obligé de gagner sa vie au service des autres, Mahomet souffre néanmoins de ne pas avoir d'héritiers mâles. Et malgré la polyga-

mie illimitée permise alors dans cette société polythéiste, le jeune homme demeurera fidèle à sa femme tant que celle-ci vivra. À défaut, il adoptera deux garçons : son jeune cousin Ali, devenu aussi pauvre que Mahomet l'était, et un certain Zayd, originaire d'une tribu fortement christianisée.

Le messager de Dieu

Mahomet a pris l'habitude de se retirer régulièrement, des nuits entières, dans les cavernes qu'on trouve à quelques kilomètres de La Mecque, sur la colline de Hira. C'est là que, un jour de l'an 610, il entend une voix qui lui répète incessamment : « Lis, récite » ! Il verra l'archange Gabriel.
L'homme est troublé et sent le doute s'emparer de lui. Il s'en ouvre à ses proches : son épouse Khadija et son cousin Ali. Ils l'encouragent à écouter et à faire ce que l'archange lui demande. Il récite et répète les paroles dictées, paroles divines. La récitation (en arabe *Cor'ân*) des premières révélations porte à la fois sur le Dieu unique et sur l'unicité de Dieu : il n'a pas d'associé, il n'a pas engendré ni été engendré. C'est là une première grande différence avec les chrétiens, qui par le mystère de la Trinité – le Père, le Fils et le Saint-Esprit – seront qualifiés d'associateurs. Mais ces premières révélations abordent aussi le jugement dernier et contiennent de vives critiques contre la classe dirigeante de La Mecque, son luxe et ses richesses.

Le proscrit

La réaction hostile de cette dernière est compréhensible : sur le plan politique, si elle reconnaît Mahomet comme messager de Dieu, il faudra s'attendre à ce qu'il acquière une influence prépondérante dans la ville ; sur le plan religieux, admettre la justesse du message et notamment l'unicité de Dieu, c'est se vouer à la condamnation puisque les dirigeants de la cité auraient été jusque-là dans l'erreur ; sur le plan économique enfin, attaquer le polythéisme de la Kaaba, et donc le pèlerinage des caravaniers et des commerçants, c'est s'en prendre aux ressources de la tribu régnante, les Koreiche.

L'hostilité à l'égard de la jeune communauté grandit et prend des formes diverses : ostracisme, vexations et parfois de véritables persécutions. Car le discours du Prophète séduit les personnes dépourvues de toute protection : les jeunes et les pauvres de la tribu, les femmes… À tel point qu'un premier groupe de croyants doit quitter La Mecque en 615, pour se réfugier en Abyssinie, auprès du très chrétien Négus, le roi des rois.

Mahomet, lui, reste : il dispose encore de la protection de son oncle Abou Taleb, chef du clan des Banous Hachem, celui-là même qui l'avait recueilli, et son mariage avec Khadija lui a donné une position qui le rend intouchable.

En 619-620, la situation va dramatiquement changer. C'est « l'année du chagrin » : Mahomet perd coup sur coup son épouse et son protecteur. Son propre clan, désormais dirigé par un adversaire acharné de la nouvelle religion, ne le protège plus. Sous la pression des événements et des hommes, Mahomet doit quitter La Mecque, partir, émigrer, s'exiler (en arabe *hajara*) avec ses compagnons pour échapper à la vindicte des habitants de La Mecque.

C'est l'hégire, qui marque le début de l'ère musulmane.

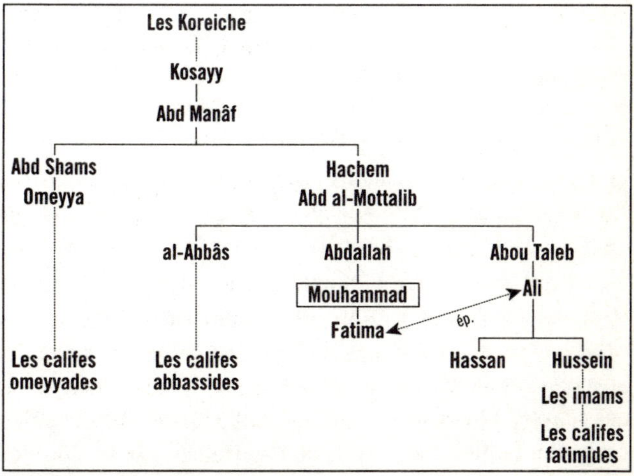

La généalogie de Mahomet (Mouhammad)

Une nouvelle ère : l'hégire

Désormais dénué de toute protection, Mahomet doit chercher ailleurs un endroit sûr pour lui et ses compagnons afin de poursuivre sa prédication. Dans un premier temps, il se rend à Ta'ef, une oasis au sud de La Mecque, d'où il est chassé à coups de pierres. C'est alors que des habitants de Yathrib, une cité agricole au nord de La Mecque, lui proposent de l'accueillir. Habitée par des tribus rivales, dont quelques-unes des plus importantes sont juives, Yathrib abrite aussi quelques musulmans qui s'étaient convertis à l'occasion de voyages ou de pèlerinages à La Mecque les années précédentes. On les appelle les *Ansar*, les « auxiliaires ». Yathrib devient la ville du Prophète (*Medinet al-Nabi* en arabe, ce qui donnera Médine).

Le prophète guerrier de Médine

S'érigeant en arbitre dans la cité, Mahomet ne pouvait renforcer ici sa position sans remporter de victoire face à La Mecque qui l'avait chassé. Il y eut naturellement les razzias, nécessaires pour subvenir aux besoins des émigrés de La Mecque, les *Mouhajiroun*. Puis la guerre devint ouverte entre les deux villes à la suite du meurtre d'un Mecquois qui appelait vengeance. Elle fut ponctuée par trois importantes batailles : celle de Badr (624) remportée par les Médinois ; celle du mont Ouhoud, l'année suivante, qui vit le succès des Mecquois ; enfin un siège mené en 627, sans résultat, par les opposants au Prophète qui n'avaient pas exploité leur succès à Ouhoud. En effet, les Mecquois vont s'apercevoir que la ville est entourée d'un fossé impossible à franchir, creusé par les Médinois. D'où le nom de cette bataille dite « bataille du Fossé ».
Entre-temps, Mahomet doit affronter des problèmes à Médine même, notamment avec les *Mounafiqoun*, les « hypocrites », des convertis à l'islam dont la tiédeur de la conversion constituait une faiblesse de la communauté, mais aussi avec les tribus juives, les Banous Nadhir, les Banous Qaynoqa et les

Banous Qorayza. Les deux premières sont expulsées de Médine et la troisième massacrée au lendemain du siège de la ville. Désormais seul maître de la cité, Mahomet va organiser ses fidèles. La *Oumma* (voir clé 7), cette communauté des croyants qui transcende les tribus et les clans, va se fonder sur les principes d'égalité, de fraternité et de solidarité. Le Prophète joue pleinement son rôle d'arbitre et rend la justice, qui n'est plus une affaire d'individu, mais celle de la collectivité.
Le chef religieux est devenu à Médine à la fois un chef politique et militaire : sa prédication ne concerne plus seulement les relations de l'homme avec Dieu, mais aussi celles de l'homme avec les autres hommes.

À la conquête de La Mecque

En 628, Mahomet décide de faire le pèlerinage à La Mecque avec un millier de ses compagnons. Les dirigeants de La Mecque les arrêtent à Hudaybiyya, à la limite de la ville sacrée ; mais il leur est impossible d'empêcher quiconque, fût-il leur pire ennemi, d'effectuer le pèlerinage ! Ils promettent donc à Mahomet qu'il pourra le faire, mais pendant trois jours et l'année suivante seulement. À la surprise – et surtout à la déception – de ses compagnons, Mahomet accepte. C'est le « pacte de Hudaybiyya ». En fait Mahomet obtient là un grand succès : pour la première fois, il traite d'égal à égal avec les Mecquois. L'année suivante il effectue le pèlerinage prévu. Il se réconcilie aussi avec des membres de son clan. Et pour sceller cette réconciliation, il épouse plusieurs parentes. Mahomet a pris pas moins de neuf femmes pour conclure des alliances – certains disent même onze – et deux concubines : une chrétienne, Marie la Copte, et une juive, Rayhana.
En 630, rompant le pacte de Hudaybiyya, Mahomet rentre dans La Mecque à la tête d'une armée sans rencontrer de véritable résistance. Il fait abattre les idoles de la Kaaba. Son triomphe politique et religieux est total : il n'y a pas eu de bataille.
En 632, il effectue le « pèlerinage de l'adieu », y accomplissant tous les rites que nous connaissons aujourd'hui. Trois mois

plus tard, malade, il meurt dans les bras de sa dernière épouse, Aïcha, la fille de son successeur et ami, Abou Bakr.

Le calendrier islamique, rythmé par les lunaisons

L'ère islamique commence en 622, l'année de l'hégire, quand Mahomet doit fuir La Mecque pour Médine. L'année musulmane, qui est rythmée sur les cycles de la Lune, est de 354 ou 355 jours. Elle prend donc dix à douze jours d'avance sur l'année civile correspondante rythmée, elle, sur le Soleil, d'où le décalage d'une année sur l'autre des fêtes musulmanes par rapport à notre calendrier. Pour passer du calendrier musulman au calendrier grégorien, il suffit de multiplier par 0,97 (différence entre l'année solaire et l'année lunaire) et d'ajouter 622. À l'inverse, pour passer du calendrier grégorien au calendrier musulman, il faut soustraire 622 puis diviser par 0,97.

Les douze mois de l'année musulmane : Muharram, Safar, Rabi al-Awwal, Rabi al-Thani, Jumada al-Ula, Jumada al-Thaniya, Rajab, Shaaban, Ramadan, Shawwal, Dhu al-Qada, Dhu al-Hijja.

Le monde de Mahomet

À la fin du VIe siècle, l'Arabie de Mahomet est surtout une péninsule désertique, vide et isolée par la mer : seul le désert immense et interminable la relie au continent. Les multiples oasis et des petites cités caravanières commercent essentiellement par la mer avec l'Égypte, l'Éthiopie et les pays bordant le golfe Arabo-Persique. Les caravanes capables de traverser le désert parviennent jusqu'en Syrie ou en Mésopotamie.

Un territoire convoité

La région est alors dominée par l'Empire grec byzantin, dans le Proche-Orient méditerranéen, et par l'Empire sassanide de Perse en Mésopotamie et en Iran. Ces deux grandes puissances cherchent, par la guerre, à étendre leur domination et l'Arabie n'échappe pas à leur convoitise. Des tribus arabes converties au christianisme leur servent d'intermédiaires : les Lakhmides, vassaux des Perses, sont nestoriens ; les Ghassanides, qui agissent pour les Byzantins, sont monophysites.
Ces tribus ne sont pas les seuls éléments chrétiens en Arabie. Des communautés, certes peu importantes, existent dans certaines cités. Une seule exception, à la frontière du Yémen : Najran, où se trouve le siège d'un évêché.

Des chrétiens divisés

La chrétienté est alors déchirée par un débat sur la nature du Christ, la fameuse christologie. Malgré la réunion de plusieurs conciles œcuméniques, notamment ceux d'Éphèse en 431 et de Chalcédoine en 451, les ruptures persistent et trois doctrines se sont également imposées : le monophysisme qui ne distingue que la seule nature divine du Christ, le nestorianisme (du nom de Nestorius, patriarche de Constantinople), qui sépare dans le Christ la personne humaine et la personne divine et enfin la doctrine de Chalcédoine, devenue celle de l'Église, qui distingue certes la nature humaine et la nature

divine dans le Christ, mais qui souligne l'union parfaite de cette divinité et de cette humanité dans la personne du Christ. Deux Églises invitées au concile de Chalcédoine ont décliné l'invitation : les Arméniens et les Coptes (d'Égypte et d'Éthiopie) ; ils demeureront monophysites jusqu'à nos jours.
Les juifs sont également présents à travers des communautés agricoles ou des tribus solidement implantées au Yémen et dans le nord de l'Arabie comme à Yathrib – la future Médine – où trois tribus, les Banous Qorayza, les Banous Nadhir et les Banous Qaynoqa, joueront un rôle politique.

La Mecque, un pôle économique et religieux

Le cœur de la péninsule, lui, est majoritairement polythéiste. On y adore de multiples divinités auxquelles on sacrifie des animaux, et dont on vénère les idoles dans les temples des cités lors de cérémonies rituelles, de processions et de pèlerinages.
L'activité économique est surtout commerciale, scandée par les caravanes des marchands. De grandes foires sont associées aux pèlerinages et se tiennent, surtout au printemps et en automne, dans des villes et des oasis situées sur les routes caravanières.
La Mecque doit avant tout son importance au fait qu'elle est un point d'eau pour les caravanes ; elle reçoit en hiver une bonne quantité de pluie qui alimente des sources. Elle est également située à un carrefour de pistes menant vers l'Égypte, la Syrie et la Mésopotamie, mais aussi vers le Yémen et l'Éthiopie ; de plus, elle n'est pas très éloignée du port de Djedda sur la mer Rouge.
Ce rôle de marchands joué par les habitants de La Mecque et les relations fructueuses qui s'ensuivent confèrent à la ville sa puissance économique et politique. C'est ce qui lui a permis de devenir aussi un grand centre de pèlerinage, qui réunit dans un sanctuaire unique, la Kaaba, les principales divinités des Arabes, sinon toutes.

Tribus et clans

Ô vous les hommes ! Nous vous avons créés d'un mâle et d'une femelle.
Nous vous avons constitués en peuples et en tribus pour que vous vous connaissiez entre vous.
(Sourate 49, v. 13.)

Si la cellule première de la société occidentale a toujours été la famille, avec les ascendants, les descendants et les collatéraux, il n'en est pas de même dans la société arabe. Même à l'époque préislamique, cette société s'articule autour de la tribu, qui regroupe les clans. Tribus et clans sont des éléments fondamentaux de la société qui ont leur hiérarchie, leurs règles et leurs lois.
Au sein de la tribu, chaque clan est autonome et souverain, ayant une charge à assumer dans le cadre de la tribu telle que l'approvisionnement en eau, en viande, la logistique de la vie quotidienne… Les autorités de la tribu comme celles du clan ont le devoir d'assurer le boire et le manger aux membres de la communauté.

D'oasis en oasis, au rythme des chameaux

S'il venait à manquer de la viande, par exemple, il était naturel de monter une razzia pour s'en procurer auprès d'un autre clan ou d'une autre tribu.
Au sein de la tribu le conseil des notables (chefs de clan), appelé le *malâ*, constitue le sommet de la hiérarchie.
Le chameau est aux Arabes du désert ce que le cheval est à l'Occident. L'Arabie n'est qu'une mer de sable inhospitalière, dont les habitants ne pourront se libérer qu'avec la domestication du chameau, qui permettra les longs voyages et notamment les caravanes qui feront parvenir dans les bazars de Bagdad ou ceux de Syrie épices et teintures d'Inde, pierres précieuses d'Asie centrale, ivoire et or, sans oublier les

esclaves d'Afrique. Un proverbe tribal de l'époque souligne que « l'opprobre est dans le labourage, l'état servile dans l'élevage des bovins, tandis que la noblesse est dans la possession du chameau, la vaillance dans celle du cheval ».

Divisions et dissidences

Premier successeur de Mahomet, Abou Bakr, qui prend le titre de *khalifa* (qui donnera calife en français, voir clé 28), ne va régner que deux ans. Il est remplacé par Omar, puis par Othman, qui meurent assassinés. Quand Ali, cousin et gendre du Prophète, est proclamé quatrième calife en 656, certains l'accusent d'avoir commandité l'élimination d'Othman. Parmi eux, le gouverneur de Damas, Mou'awiyya, du clan des Banous Oumayya qu'on appellera désormais les Omeyyades. Ce dernier refuse d'obéir au nouveau calife. Ali marche contre lui pour faire respecter son autorité.

La Fitna, ou « grande dissension »

Ainsi commence ce que l'histoire de l'islam retiendra sous l'appellation de la *Fitna* ou la « grande dissension » de l'islam. C'est en 657 que les deux factions s'affrontent à la bataille de Siffin, au bord de l'Euphrate. Devant l'incertitude du combat, Mou'awiyya demande et obtient une trêve en faisant suspendre à ses soldats des feuillets du Coran au bout de leur lances. Une commission est désignée pour régler le conflit. Elle rend un arbitrage défavorable à Ali.

La majorité des musulmans va alors suivre Mou'awiyya et accepter comme critère de foi la tradition (*Sunna*) du Prophète et de ses compagnons. Ils se donnent le nom d'« hommes de la tradition et de la communauté » (*ahl al-sunna wal jamâ'a*), qu'on appellera désormais sunnites. Les partisans d'Ali se divisent aussi. Les uns lui reprochent d'avoir accepté l'arbitrage et décident de s'en aller, de « sortir » (en arabe *kharaja),* d'où leur nom de kharejites, les sortants. Ils sont, sur le plan dogmatique, des puritains rigoureux. Pour eux, tous les musulmans sont égaux devant le Coran et la Sunna, et un calife, « fût-il un esclave noir » peut être choisi au sein de la communauté à condition qu'il soit pieux et digne de conduire la communauté, la *Oumma* (voir clé 7). Ils ne sont plus aujourd'hui qu'une poignée que l'on trouve à

Djerba, en Tunisie, autour de la ville de Ghardaïa en Algérie et surtout dans le sultanat d'Oman où on les connaît sous le nom d'ibadites.

Les autres partisans d'Ali lui restent d'une fidélité absolue, le considérant comme le seul successeur légitime. Ils forment les partisans de Ali (*chi'at Ali*), d'où leur nom de chiites.

À partir de ce problème d'autorité, mais aussi de vision de la communauté, l'islam va connaître désormais trois tendances, qui subsistent encore aujourd'hui. Toutes les autres dissidences qu'éprouvera le monde musulman à partir de cette date seront des dissidences chiites.

De la persécution à la religion d'État : les chiites

Ali finit par être assassiné par un kharejite en 661 et Mou'awiyya se fait alors reconnaître comme calife. Mais la plupart des partisans d'Ali refusent ce qu'ils appellent une « usurpation ». Violemment combattus, les chiites, conduits par les deux fils d'Ali, Hassan et Hussein, vont se réfugier dans une semi-clandestinité au cours de laquelle ils élaboreront leur doctrine.

Hassan abandonnera le combat pour aller finir ses jours à Médine. Hussein mènera ses partisans jusqu'à Kerbala (aujourd'hui en Irak), où ils seront assiégés par les armées sunnites et Hussein sera martyrisé en 680. Dans la tradition chiite, il représente le martyr par excellence, le héros courageux, valeureux et prêt au sacrifice suprême. Tous ses successeurs détiennent la *wilâya*, c'est-à-dire l'héritage du Prophète.

Les chiites n'attribuent de validité qu'à la descendance d'Ali, dont les membres ont droit au titre d'imam ; l'imam est « impeccable » et « infaillible ». L'imamat va s'interrompre avec le douzième imam, disparu en 874 à l'âge de cinq ans – pour eux, il n'est pas mort, il a seulement cessé d'être visible ; son « occultation » (*ghayba*) fait qu'il reviendra comme le *Mahdi*, le Messie, à la fin des temps pour rétablir la paix et la justice sur terre.

Ces chiites qui croient aux douze imams sont appelés les duodécimains. Ils constituent la grande majorité des chiites dans le monde et se trouvent en Iran où ils représentent 98 % de la population, en Irak (60 %) et dans certains émirats de la péninsule Arabique comme à Bahreïn (65 %) ainsi qu'au Liban (33 %). Ils sont également très présents et numériquement importants au Pakistan, en Turquie, aux Émirats arabes unis et dans l'émirat du Koweït.

Pour la doctrine chiite, aucun pouvoir politique n'est définitivement légitime jusqu'au retour du douzième imam. L'État ou le souverain peut toujours être remis en question puisque dans le chiisme, au contraire de l'islam sunnite, l'*ijtihad*, l'effort d'interprétation du Coran et de la Sunna (voir clé 20), n'a jamais cessé. Contrairement au sunnisme encore, le chiisme dispose d'un clergé bien établi ; le taleb, l'étudiant qui se consacre à l'étude de la religion, va devenir d'abord *moujtahid*, celui qui a le droit de se livrer à l'effort d'interprétation, et il pourra ensuite atteindre le rang de *hodjatoleslam* puis d'*ayatollah* et voire même de « grand ayatollah » (*ayatollah ozma*). Seuls ses partisans au sein de la communauté des Croyants, de plus en plus nombreux, en feront un *Marja'a* (référant) ou une *marja'iyya* (référence).

Des courants dissidents

Dès le VIIIe siècle toutefois, les chiites vont fréquemment se diviser. Aux côtés des duodécimains, on trouve les chiites ismaéliens, qui arrêtent à sept la lignée des imams descendants du Prophète et d'Ali ; c'est pourquoi on les appelle aussi les septimains. Ce sont les fidèles de l'Aga Khan.

Du tronc ismaélien sont issues la communauté druze (présente en Syrie, au Liban et en Israël) et la communauté alaouite devenue importante depuis la prise du pouvoir en Syrie par cette minorité conduite par Hafez el-Assad en 1970.

Les chiites zaydites, quant à eux, s'arrêtent au cinquième imam. Ils sont présents particulièrement au Yémen.

La planète selon l'islam

La communauté des musulmans est appelée *Oumma*, de la racine arabe *oum*, qui veut dire « mère ». Elle désigne à la fois la communauté et la nation. La *Oumma*, que ce soit au sens de communauté des croyants ou de nation islamique, ne reconnaît aucune frontière, ni d'ordre idéologique ni d'ordre géographique, et est vouée à se répandre sur l'ensemble de la terre jusqu'à ce que l'humanité soit musulmane, s'abandonne à Dieu.

Pour les musulmans, la planète se divise en trois zones bien distinctes : le *dar el-Islam*, maison de l'Islam, le *dar el-Harb*, maison de la Guerre et le *dar el-Sulh* (ou aussi *dar el-Ahd*), maison de la Trêve ou de la Conciliation.

- **La maison de l'Islam** représente l'ensemble des pays où les musulmans sont largement majoritaires et où ils exercent le pouvoir.
- **La maison de la Guerre** désigne l'ensemble des pays contrôlés par les non-musulmans et où les musulmans, minoritaires, sont en mesure de se battre pour pouvoir exercer leur culte librement mais aussi tenter d'imposer l'islam.
- Enfin **la maison de la Trêve** représente l'ensemble des pays contrôlés par les non-musulmans où les musulmans, toujours en infériorité numérique, ont néanmoins la capacité d'exercer librement leur culte. En théorie, la trêve ne doit pas excéder dix ans. Le musulman a toutefois le droit de rompre cette trêve si le rapport des forces lui est favorable.

On peut aussi remarquer que, dans cette conception religieuse quasi géostratégique établie en temps de guerre, la paix n'existe que dans le *dar el-Islam*.

Les raisons d'une expansion rapide

Dès ses débuts, l'élan missionnaire de la jeune communauté musulmane est considérable, et l'islam va connaître une expansion très rapide. Les raisons de cette expansion sont nombreuses.

En premier lieu, l'Empire byzantin et l'Empire perse qui dominent alors la région sont affaiblis par quarante ans de guerres incessantes, de 590 à 630. La guerre coûte cher et pour l'entretenir, les adversaires taxent leurs populations. Celles-ci, bien loin des pouvoirs centraux, accueillent l'islam comme une libération.

De plus, ces deux grands empires ne connaissent rien à l'Arabie, dans laquelle ils ne voient qu'une horde de nomades avides de s'installer sur les riches terres du Croissant fertile (la région constituée aujourd'hui du Liban, de la Syrie, de la Palestine et d'Israël, du nord de l'Égypte et de l'Irak). Pour s'en protéger, ils envoient des tribus vassales se battre à leur place. Ces tribus sont chrétiennes : les Ghassanides pour les Byzantins et les Lakhmides pour les Perses (voir clé 4), et elles sont elles-mêmes épuisées par des années de guerre. Elles ne résistent pas longtemps à une armée certes inférieure en nombre, mais beaucoup plus mobile et surtout cimentée par l'islam.

L'islam transcende les tribus et les clans

Sur le plan religieux, les premiers califes mobilisent les troupes des convertis pour les lancer dans la bataille avec un objectif clair : réduire les rébellions et les velléités d'autonomie des tribus au lendemain de la mort du Prophète. La *Oumma* doit désormais transcender tribus et clans, et les guerres de conquête sont une belle illustration de ce principe. D'autant plus que le butin récolté après les batailles est réparti entre les vainqueurs, une bonne partie allant au califat… Dès lors, ces batailles vont aussi constituer un excellent dérivatif à l'instinct guerrier du bédouin en portant la guerre hors de la Péninsule, où la paix entre tribus et clans règne désormais.

Enfin, sur le plan militaire, le second calife, Omar, sera un grand capitaine : il inventera l'art militaire musulman et lancera l'expansion dans trois axes différents : l'Afriquiya, c'est-à-dire l'Afrique du Nord ; le Proche-Orient jusqu'à Jérusalem où sera érigée la mosquée d'Omar ; et enfin, l'Égypte et, au-delà, le monde indien où s'établira le sultanat de Delhi.

La non-représentation en islam

Gardez-vous de représenter le Seigneur ou la créature ; ne peignez que les arbres, les fleurs, les objets inanimés, car au Jour du Jugement, les êtres représentés viendront réclamer une âme à l'artiste qui, impuissant à les satisfaire, subira les tourments du feu éternel.
(Hadith.)

Au IXe siècle, avec son expansion, la nouvelle religion s'est confrontée aux cultures environnantes, byzantine, perse et même bouddhiste (en Asie centrale), qui plaçaient alors la représentation humaine au cœur de leurs pratiques religieuses et artistiques. C'est à cette époque qu'apparaît un hadith qui menace d'enfer les façonneurs d'images, accusés de vouloir rivaliser avec Allah, qui doit rester seul créateur et qui est le seul à pouvoir insuffler la vie à ses créations. Ils sont accusés en outre de favoriser l'idolâtrie. Dès lors, certaines représentations, telles que celles d'êtres vivants en trois dimensions, sont prohibées.
L'interdit ne s'applique pas à la calligraphie, artistique dans ses variantes stylistiques. Il ne s'applique pas à l'arabesque ni aux décors, qu'ils soient paysagers ou géométriques. Ce sont surtout les édifices à caractère religieux qui sont préservés de toute représentation figurée, mais il ne serait pas juste de croire que l'islam pratique un iconoclasme systématique.
Avant cette date, l'islam n'avait aucune position particulière à l'égard des représentations, quelles qu'elles soient. Après cette date, de nombreuses représentations furent préservées et au cours de son histoire, l'islam a entretenu avec les icônes une relation qui évolue toujours, surtout chez les chiites (voir clé 6).

Une interdiction toute relative

Ainsi ont subsisté des édifices omeyyades (dynastie qui régna à Damas de 661 à 750 et à Cordoue de 756 à 1031), abbassides (de 750 à 1258 à Bagdad) et fatimides (au Maghreb et en Égypte, de 909 à 1171) qui comportent des représentations figurées, parfois même dénudées. Jusqu'au XIe siècle, des villas maghrébines sont aussi ornées de telles décorations.
La science, et particulièrement la médecine avec son exigence de précision anatomique, a obligé la civilisation islamique à user de représentations indispensables à sa compréhension. L'art islamique, lui, s'est contenté d'œuvrer sur surface plane, de ne pas chercher l'exactitude dans la représentation de créatures, entre autres en ne restituant pas les proportions réelles, et de rester proche du stéréotype.

Le cas particulier des chiites

Aujourd'hui, les représentations demeurent surtout chez les chiites, qui contrairement aux sunnites n'ont pas fermé les portes de l'interprétation (voir clé 20) et ne sont pas soumis aux hadith de la Sunna. Ainsi en Iran, où fut créée une école de peinture de chevalet au XIXe siècle, on peut voir des représentations du Prophète sans un voile et des icônes de Fatima, d'Ali et d'autres personnages importants de l'islam.

Y a-t-il des saints en islam ?

Une des spécificités de l'islam par rapport aux autres religions monothéistes est l'absence de clergé et d'intermédiaire entre le croyant et son créateur. Il ne peut donc y avoir officiellement d'intercesseurs auprès de Dieu, sinon le prophète Mahomet lui-même. De ce fait, il est inconcevable d'avoir des saints en islam.

Dans la pratique, il en va autrement. De même que le principe de non-représentation (clé 9), le non-culte des saints n'est pas une interdiction coranique. C'est sans doute une des raisons qui ont fait que ce culte s'est répandu très tôt dans l'islam. Chaque religieux de village, de quartier, quel que soit le titre qu'on lui donne : cheikh (qui veut dire littéralement en arabe « homme d'un certain âge ») mollah chez les chiites, marabout en Afrique… exerce une influence et une autorité morale dans les milieux populaires. Leur islam se démarque des érudits et des docteurs de la loi ; il fait siennes les superstitions populaires.

À leur mort, il arrive que la « communauté » leur érige un tombeau, un mausolée, qui devient un lieu de pèlerinage. On y vient pour obtenir la *baraka*, la bénédiction, de cet homme pieux qui fut sa vie durant un bon musulman. Mais on y vient aussi pour la réalisation d'un vœu.

Soufisme et confréries

Le soufisme est la voie mystique de l'islam. Les soufis privilégient l'expérience personnelle par rapport à la démarche communautaire. Le Dieu que découvrent les soufis est un Dieu d'amour auquel on accède par amour. « Qui connaît Dieu, l'aime ; qui connaît le monde y renonce. »
L'islam a connu son expérience mystique dès le VIIIe siècle. Certains musulmans, voulant vivre la rencontre intérieure entre le croyant et son Dieu, vont se retirer aux confins du désert, notamment en Syrie et en Égypte.
Les docteurs de la loi et les juristes s'en méfient et s'en inquiètent. Ils y verront une déviation de l'islam, en tout cas de celui de Mahomet, qui privilégie la communauté à l'individu alors

Soufisme et confréries aujourd'hui

Parmi les grandes confréries, certaines très anciennes demeurent bien vivantes et ont des ramifications dans toutes les régions de la sphère musulmane. Elles portent en général un nom dérivé de celui de leur fondateur.

- La Qadiriyya, fondée en 1166 à Bagdad par Abdel Qâder Jilani.
- La Mawlawiyya (ou Mevleviyya), créée à Konya au XIIIe siècle par Jalal Eddine Roumi. C'est la fameuse confrérie des derviches tourneurs.
- La Senoussiyya, fondée au début du XIXe siècle en Libye. Elle a joué un rôle primordial lors de la bataille d'indépendance.
- La Tijjaniyya, fondée au Maghreb à la fin du XVIIIe siècle.
- La Rahmaniyya, organisée au XVIIIe siècle par un cheikh kabyle. Elle a suscité l'insurrection kabyle au siècle suivant.
- La Rifa'iyya, omniprésente dans les pays de la péninsule Arabique et en Jordanie.
- Les Mourides, créée au Sénégal au XIXe siècle. Elle est très puissante et très riche grâce à la personnalité de son fondateur, Amadou Bamba, mais aussi grâce à la culture de l'arachide.
- La Naqshabandiyya, fondée au XIVe siècle et très active en Russie et dans les républiques musulmanes de l'ex-URSS.

que ces « soufis » – du nom de la grossière étoffe de laine blanche (laine se dit *souf* en arabe) dont ils se recouvrent – veulent atteindre le salut individuellement. On les appelle aussi *raheb*, du nom dont on appelait en Orient les moines chrétiens ; ou encore *fakir* ou *derwiche*, des termes qui désignent les pauvres en raison de l'état de dépouillement auquel ils s'astreignent. N'est-ce pas là un idéal « spécifiquement chrétien », lancera avec mépris le grand polémiste fondamentaliste syrien Ibn Taymiyya au XIVe siècle ?

Autour d'un maître, un islam mystique…

Dans leur quête de Dieu, les soufis préconisent le détachement à l'égard des choses de la vie, le jeûne, le silence, la méditation (*al-tafakkour*)… autant d'éléments qui vont à l'encontre de la vie communautaire.

Mais ce qui inquiète encore plus les docteurs de la loi, c'est la réunion des mystiques sous l'autorité d'un *cheikh*, un maître qui développe une liturgie qui lui est propre et des techniques de méditation particulières, ce qui met en péril leur autorité religieuse et leur compétence de théologiens. Leur méfiance est grande vis-à-vis de cette voie qu'il faut suivre, ces étapes qu'il faut franchir pour atteindre l'union intime totale (*ittihad*) avec Dieu qui procure l'extase.

Cette approche se fait sous l'autorité d'un maître dont le rôle est fondamental dans l'initiation. Selon l'un des hadith, il existerait quatre-vingt-dix mille voiles entre le croyant et la Réalité supérieure, Dieu. L'initiation permet de lever un à un ces voiles qui empêchent d'accéder à la lumière divine. Et le maître offre des repères pour y arriver. « Celui qui n'a pas de maître a pour maître Satan », disait un des grands soufis, l'Andalou Ibn 'Arabi.

Tour à tour combattu, condamné, rejeté et enfin récupéré, du moins par le pouvoir en place, le mysticisme musulman est toléré tant qu'il s'insère politiquement et socialement.

… organisé en puissantes confréries

C'est sans doute la rencontre de l'islam avec la Perse qui va donner son envol au mysticisme islamique. Beaucoup de grands

soufis sont d'ailleurs persans comme Nizami, Jalal Eddine Roumi, Farid Eddine Attar et surtout Abou Hamid al-Ghazali, l'Algazel du Moyen Âge chrétien.
Autour du maître, le *cheikh*, s'articule la hiérarchie des lieutenants, des disciples, des aspirants qui obéissent à une discipline stricte. Ainsi naît la confrérie, *tariqa* en arabe, littéralement « la voie », ce qui traduit l'idée du cheminement initiatique vers Dieu.
Chaque confrérie a ses méthodes d'initiation, des points de repère mis en place par le maître. Cela peut être la prière, la méditation, la musique et la danse, le voyage… Le *dhikr* par exemple est une prière collective autour du maître qui consiste à répéter sans relâche les noms de Dieu, ou le nom de Dieu, ou encore certaines formules incantatoires.
L'influence des confréries, qui exprime un islam populaire loin de la théologie et des explications savantes des docteurs de la loi, n'est pas seulement religieuse, mais aussi politique. Elle s'exerce aussi bien dans les villes que dans les campagnes.

L'âge d'or

On a appelé « l'âge d'or » la période qui s'étend du IXe au XIIe siècle, période durant laquelle les portes de l'*ijtihad* (l'effort d'interprétation) ont été fermées (voir clé 20). Dès lors, il n'y avait plus d'interprétation possible des sources de l'islam – le Coran, la Sunna et les hadith – en dehors des quatre écoles juridiques reconnues désormais par l'orthodoxie. L'Empire abbasside (750-1258), qui avait connu une expansion sans précédent, avait de plus en plus de mal à contrôler les pouvoirs locaux. Les révoltes sociales succédaient aux soulèvements d'ordre religieux, mais à Bagdad, siège du califat, la vie intellectuelle et artistique atteignait des sommets : des académies, des bibliothèques, des universités y avaient été créées en grand nombre ; on y traduisait des manuscrits grecs, persans, sanscrits… qui réunissaient tous les savoirs de l'époque. De même, en matière de science religieuse, il y avait une floraison d'écoles d'interprétation qui allaient des plus rationalistes aux plus radicales.
Les poètes et les scientifiques étaient bien en cour. Les femmes régnaient sur les salons littéraires, les médecins étaient des modèles pour leurs confrères occidentaux qui venaient jusqu'à Bagdad afin de se spécialiser. Les astronomes, les physiciens, les mathématiciens étaient reconnus dans le monde entier. C'est l'époque où le *sifr*, le zéro, est inventé.

L'instauration d'un islam fixe et immuable

Mais cette période libérale et tolérante est balayée par les troubles qui vont secouer l'empire jusqu'à pousser le calife à fermer définitivement les portes de l'*ijtihad,* l'effort d'interprétation. Depuis, l'islam est figé, dans le sunnisme en particulier, les autorités ayant considéré que l'essentiel des interprétations avait été arrêté à ce moment.
L'âge d'or de l'islam est resté un modèle pour les sociétés musulmanes en butte à la modernité ; mais l'islam radical

prend aussi prétexte de cette période pour justifier ses revendications d'un retour aux sources. C'est oublier que, à l'époque, il y avait d'autres écoles juridiques plus ouvertes et plus tolérantes que celles qui ont été finalement retenues.

12 clés pour comprendre

Le Coran, livre de la révélation divine

Qu'est-ce que le Coran ?

Le Coran, terme arabe qui désigne la récitation, la dictée, est la parole même de Dieu telle que transmise par Allah à Mahomet par l'intermédiaire de l'archange Gabriel. Il est considéré par le musulman comme le Livre saint par excellence. En fait, la parole divine est initialement une récitation orale dans une culture où le livre n'existe pas vraiment.

Un texte sacré et invariable

Récité par le Prophète de son vivant, le message est reçu par les compagnons fidèles et noté par ceux d'entre eux qui avaient plus ou moins l'usage de l'écriture. Ces écrits épars se feront plus réguliers à partir de l'hégire et de l'établissement de la communauté à Médine.
Plusieurs aide-mémoire sont ainsi constitués et l'idée de consigner dans un livre cette « dictée surnaturelle enregistrée par le Prophète inspiré » fait son chemin. À la mort du Prophète, ses derniers compagnons sont mis à contribution.
Ce n'est qu'avec le troisième successeur de Mahomet, le calife Othman, que le projet va aboutir, en 652, vingt ans après la mort du Prophète. Ce sera la version définitive du Coran, la « vulgate othmanienne ». En effet, le calife prendra soin de faire détruire toutes les autres versions qui circulaient alors au sein de l'empire naissant. De ce fait, le texte du Coran est invariable.

Inimitable et parfait

Le Coran se présente en cent quatorze chapitres ou *sourates* regroupant au total six mille deux cent vingt-six versets qui sont chacun des « signes » de Dieu (*âyât*) allant dans un ordre décroissant, de la plus longue à la plus courte sourate. Une seule exception cependant, la première sourate, la *Fatiha*, « l'Ouvrante » qui ne compte que sept versets, devenue la prière type de l'islam (voir l'encadré ci-après).

La lecture du Coran peut paraître rébarbative à l'Occidental, qui aura du mal à y voir la poésie de la langue, le lyrisme et la prose rythmée. C'est le premier livre de la langue arabe classique, ce qui donne à cette langue un caractère sacré pour tous les musulmans. Aux yeux des croyants, il revêt en ce sens un caractère d'« inimitabilité » et de perfection puisqu'il est directement « descendu » sur le Prophète.

La source première de la religion musulmane

Deux grandes périodes ont marqué l'élaboration du Livre saint tout au long de la Révélation, de 610 à 632 : la période mecquoise (610-622) et celle de Médine (622-632). Il semble que, dans la version écrite définitive du Coran de 652, les sourates les plus longues, c'est-à-dire celles qui figurent au début du livre, soient paradoxalement celles qui ont été récitées à Médine. Elles ont un ton solennel et souvent juridique alors que celles de La Mecque ont un style beaucoup plus poétique.

Enfin sur le fond, on peut estimer que l'enseignement du Coran se situe à un double niveau. Le premier, qu'on trouve à La Mecque, traite des relations de l'homme avec le Créateur ; il est en quelque sorte intemporel et aborde la question de l'unicité de Dieu (voir clé 1) et le jugement dernier. Le deuxième niveau est celui où, à Médine, il aborde les relations de

La Fatiha : l'Ouvrante

Au nom de Dieu, le Clément, le Miséricordieux.
Louange à Dieu, Seigneur des mondes.
Le Miséricordieux, plein de clémence.
L'arbitre du jour du Jugement.
Toi seul nous adorons, et de Toi seul nous implorons l'aide.
Dirige-nous dans le sentier du Salut.
Dans le sentier de ceux que tu comblas de tes faveurs.
De ceux qui n'encourent jamais ta disgrâce et ne furent point des égarés.

(Traduction de Mahmoud Moukhtar, cité par Louis Massignon)

l'homme avec les autres hommes. Les missions successives du Prophète apparaissent clairement : messager, dépositaire de la parole divine et chargé de la transmettre, arbitre, législateur, guerrier… Dans cet ordre d'idées, l'enseignement du Coran finit par organiser toute la vie du musulman.

Dogmes et croyances fondamentales

Les dogmes ne sont pas très nombreux en islam. Il n'y a en effet ni sacrements ni clergé (voir clé 27) : l'homme est sans intermédiaire face à son Créateur. Mais les croyances fondamentales scandent la vie du croyant : la loi islamique, la *chari'a* (voir clé 22), lui dira ce qu'il faut faire et ne pas faire, et les « Piliers de l'islam » (voir clé 26) comment être un bon musulman.

• En premier lieu, le musulman, nous l'avons vu, croit en l'unicité absolue de Dieu, *Tawhid*. C'est ce qui fait de l'islam une religion rigoureusement monothéiste (voir clé 1). Dieu unique et également Dieu créateur de toutes choses, créateur du ciel et de la terre, qui sait tout, qui voit tout, et vers qui toute la création est appelée à retourner.

• La résurrection et le jugement dernier sont sans cesse évoqués dans le Coran. Le musulman croit à la création de l'univers mais aussi à sa fin. La tradition a même donné de multiples détails pour décrire cet événement. Tous nos actes alors porteront leur poids de récompense pour le bien et de châtiment pour le mal.

Trois sortes de livres apparaîtront en ce « jour du rassemblement », ce « jour de la rencontre avec Allah », ce « jour du compte » : le Livre des destinées, celui portant la liste des justes et celle des incrédules et les livres où sont inscrites par les anges les actions de chacun.

• Le musulman croit au paradis et à l'enfer : il est dit que les justes iront au paradis et que les impies seront précipités en enfer. Le paradis avec ses jouissances est désigné par le terme arabe de *Janna* qui veut dire littéralement « jardin » ; à deux reprises, on trouve aussi le mot *firdaouss*, qui aurait donné « paradis » ; quant à l'expression « jardin d'Éden », familière au lecteur de la Bible, elle apparaît onze fois dans le Coran.

Le paradis et l'enfer dans le Coran

Dans les jardins du paradis, les élus de Dieu auront droit à tout ce que peuvent espérer les hommes. Entre autres, Allah leur donnera « pour épouses des Houris aux grands yeux » (sourate 52, v. 20), « vierges, aimantes et d'égale jeunesse » (sourate 56, v. 36-37) qui sont à la disposition de l'homme de bien, mais qui resteront toujours vierges ; sans oublier les plaisirs de la table, avec les fruits délicieux, le lait et le miel purifié, l'eau avec du gingembre, le vin, qui lui est interdit dans cette vie mais qui semble lui être réservé dans la vie future… comme l'évoque par exemple la sourate 47 (v. 15) :

Voici la description du Jardin promis à ceux qui craignent Dieu.
Il y aura là des fleuves dont l'eau est incorruptible,
des fleuves de lait au goût inaltérable,
des fleuves de vin, délices pour ceux qui en boivent,
des fleuves de miel purifié.
Ils y trouveront aussi toutes sortes de fruits
et le pardon de leur Seigneur.
Ceux-là seront-ils semblables
à celui qui demeure immortel dans le Feu,
à ceux qui seront abreuvés d'eau bouillante qui leur déchirera les entrailles ?

Ce dernier paragraphe décrit l'un des aspects de l'enfer, un enfer ravagé par le feu (*nâr* en arabe).

L'enfer, *Jehannam* en arabe (qui a donné le français « géhenne »), y est évoqué soixante-dix-sept fois.

- Le musulman croit aux anges et aux prophètes (voir aussi clé 19).

Les anges, messagers de Dieu

Le Coran fait une large place aux anges, messagers de Dieu auprès des prophètes ou de certains personnages bibliques. Ils sont aussi les gardiens des hommes et enregistrent leurs bonnes et leurs mauvaises actions. Le plus important d'entre eux est Jibril (Gabriel), dont Dieu s'est servi pour « faire descendre » sur Mahomet la révélation du Coran.

La Tradition cite aussi Munhar et Mahir, qui interrogent les pécheurs dans leurs tombeaux ; Moubashar et Bashir, qui s'occupent des croyants fidèles à la Loi ; Azraïl, l'ange de la mort ; Izrafil, celui de la résurrection…

Le Coran parle encore des anges qui se tiennent près du « Trône de Dieu », de ceux qui combattent auprès du Prophète ou des croyants, de ceux qui gardent le feu de l'enfer…

Une place à part est réservée à Iblis, l'ange déchu, qui refusa de s'incliner devant Dieu et qui fut maudit. Il est le Satan (en arabe, *Chaytan*) des musulmans et commande une légion de démons voués à la tentation des hommes.

Enfin, il est souvent question dans le Coran des *djinns*, des sortes de génies, créatures mystérieuses et invisibles, parfois bonnes, le plus souvent mauvaises. Créés de feu sans fumée, ils sont mâles et femelles et peuvent procréer, parfois même avec des êtres humains. Ils sont à l'origine d'innombrables superstitions populaires que l'orthodoxie de l'islam sunnite condamne fermement.

Les autres sources de l'islam : Sunna et hadith

Outre le Coran, Livre saint par excellence, les musulmans disposent d'autres sources pour guider leur foi et leur pratique : la Sunna (la tradition du Prophète) et les hadith, les dits et comportements du Prophète tels que rapportés par ses compagnons et transmis jusqu'à nous par une longue chaîne de « transmetteurs » vérifiés.

Une chaîne ininterrompue de collecteurs intègres

Mahomet dirigeait lui-même les affaires religieuses de la communauté, mais aussi les pratiques civiles et militaires de la cité de Médine. Plusieurs de ses compagnons ont pris l'habitude de recueillir et de compiler ses paroles, ses actes et ses comportements dans telle ou telle circonstance : ce sont les hadith, collectés d'abord par ces premiers témoins du vivant du Prophète et relatés au fil du temps par une chaîne de disciples qui chacun se portaient garants de la véracité de leur transmission.

Chaque hadith comprend ainsi deux parties : d'abord la liste de tous ceux qui rapportent le propos, pour qu'à travers cette chaîne on puisse remonter à l'un des compagnons de Mahomet ; ensuite le texte lui-même. Le hadith est authentifié lorsque la chaîne des rapporteurs est avérée.

Prescriptions et commentaires

L'ensemble des hadith constitue *Sunnat al-Nabi* (littéralement « tradition du Prophète »), communément appelée la Sunna.

Il existe aujourd'hui six recueils de hadith unanimement reconnus par les musulmans, dont le plus important est celui de Boukhâri. Les hadith abordent tous les angles de la vie du croyant et donnent des prescriptions et parfois des commentaires abondants et précieux : la foi, les « piliers de l'islam » (voir clé 26), les actes qui se rapportent au culte comme les ablutions, les relations sociales, le droit privé et public, etc. Il peut arriver parfois qu'en une circonstance donnée, le Coran et la Sunna soient en contradiction. Contrairement à ce que l'on pourrait logiquement croire, c'est la Sunna qui l'emporte.

La langue du Coran : l'arabe

Oui, le Coran est une Révélation du Seigneur des mondes ;
(...) c'est une Révélation en langue arabe claire.
(Sourate 26, v. 192 et 195.)

À travers le Coran, Dieu s'est exprimé en arabe. Lire ou réciter le Coran, c'est reprendre la parole même de Dieu. Sa forme littéraire, le Livre, est donc elle aussi sacrée. C'est pourquoi, dans tous les pays du monde, le Coran, à la mosquée, est toujours lu ou psalmodié en arabe. Le prêche de l'imam, lui, est toujours prononcé dans la langue que parlent les fidèles.

La langue que Dieu a choisie

De l'avis de tous les commentateurs, musulmans ou non, le style du Coran est un chef-d'œuvre inégalé : concision, harmonie, vivacité sont au service d'une langue jusque-là disparate, qui semble ici jaillir spontanément dans sa perfection incantatoire.

Selon la Tradition, le Prophète a entendu l'archange Gabriel lire le Coran et l'a récité à son tour à ses premiers compagnons. La parole divine est « descendue » sur le Prophète dans la langue que Dieu a choisie, l'arabe : « (...) nous te révélons un Coran arabe afin que tu avertisses la Mère des cités [La Mecque] et ceux qui habitent aux alentours (...) » (sourate 42, v. 7).

C'est ce qui fait du Livre saint qu'il est inimitable (voir clé 13). L'inimitabilité du Coran est considérée par l'ensemble de la communauté musulmane comme un véritable dogme. Il est vrai que la poésie, notamment dans les sourates de La Mecque, et la prose rythmée donnent au style du Coran un caractère unique.

Le Prophète, dans ses récitations de la parole divine, arrivait à convaincre les fidèles par la force du message uniquement et n'avait pas recours comme le Christ à des miracles. Pour Régis Blachère, un des grands spécialistes français du Coran, le charisme exercé sur les auditeurs n'est pas sans rappeler une « sorte d'incantation qui ne suscitait pas d'interprétation logique, mais un état assez semblable à celui que provoque la musique pure ».

Le véhicule de l'islam

Comme Dieu lui-même, la parole de Dieu est incréée, puisqu'elle est l'attribut de Dieu – comment en effet Dieu créateur de toutes choses pourrait-il être créé ? En revanche, les lettres et les sons qui la reproduisent chez les hommes sont bien, eux, des créations.

Langue religieuse certes, langue de la liturgie, pour les musulmans l'arabe est d'abord la langue divine, celle que Dieu a choisie pour s'exprimer au peuple d'Arabie. Cela explique sans doute la charge symbolique de la langue arabe auprès des croyants de toute nationalité et aussi la prééminence accordée tacitement aux Arabes et leur importance au sein de l'espace islamique, même s'ils ne représentent qu'un sixième des musulmans dans le monde.

Traduire l'intraduisible

Dieu a fait descendre le plus beau des récits : un Livre dont les parties se ressemblent et se répètent. La peau de ceux qui redoutent leur Seigneur en frissonne, puis leur peau et leur cœur s'adoucissent à l'invocation du nom de Dieu.
(Sourate 39, extrait du v. 23.)

Les clés qui précèdent nous montrent à quel point est difficile l'approche intellectuelle du Coran. En l'absence de fil conducteur chronologique ou tout simplement logique, cartésien, la seule manière de s'y prendre est de s'en imprégner. On peut y arriver bien sûr par la pratique de l'islam, mais aussi en se laissant prendre par la lecture sans cesse répétée du texte, si possible guidée par de grands commentateurs.

Les difficultés de la traduction

À l'évidence, pour le musulman, une traduction, même si elle est fidèle, ne peut être l'équivalent de ce texte divin dont chaque signe a été voulu par le Créateur de toutes choses. Le travail d'analyse rationnelle du texte, préalable nécessaire de toute traduction, ne peut donc que l'affadir. De plus, les traductions aussi belles soient-elles, ne peuvent rendre un effet particulier de la langue du Coran : à la fin de chaque verset apparaît une rime, ou tout au moins une assonance, c'est-à-dire la répétition du même son de la voyelle accentuée à la fin de chaque vers. La coupe d'un verset, rimée ou assonancée, est appelée en arabe *fâsila* (au pluriel, *fawâsel*). Malgré toutes les difficultés, les orientalistes n'ont pas manqué de traduire et parfois de commenter le Coran. Après les traductions anciennes, qui se multiplient à l'époque des Croisades puis du Moyen Âge, il faudra attendre le XIXe siècle pour voir paraître les premières traductions scientifiques du Coran en allemand, en anglais et aussi en français : celle de Kasimirski en 1840, aux éditions Garnier-Flammarion.

Aujourd'hui, les spécialistes apprécient la traduction savante de Régis Blachère (précédée d'une « Introduction au Coran »), qui a l'avantage de replacer chaque sourate dans son contexte chronologique (éd. Maisonneuve & Larose). Il faut également signaler celle de Si Hamza Boubakeur, qui est bilingue et contient de nombreux commentaires et annotations destinés au profane (éd. Maisonneuve & Larose) sans oublier celle plus récente de Denise Masson (éd. Gallimard) et celle de Jacques Berque (éd. Albin Michel).

Les noms d'Allah

Pour les musulmans, Dieu – Allah – est le créateur du monde. Il est cité quelque deux mille sept cents fois dans le Coran. Allah a tous les attributs du Dieu de la Bible. Il est l'Éternel, le Créateur de toutes choses, le Rétributeur, mais surtout le Tout-Puissant (cité dans cent quarante-deux versets du Coran), et le Miséricordieux (cent quatre-vingt-quatorze versets).

Invoquer l'Innommable

Transcendant, omniscient, il sait tout à tout instant, il est l'Innommable. Le Coran le répète à plusieurs reprises, il porte les noms les plus beaux :

Les plus beaux noms
appartiennent à Dieu !
Invoquez-Le par ses noms ;
écartez-vous
de ceux qui profanent ses noms ;
ils seront rétribués
pour ce qu'ils ont fait.
(Sourate 7, v. 180.)

Ou encore :

Il est Dieu !
Il n'y a de Dieu que Lui.
Il est Celui qui connaît
ce qui est caché
et ce qui est apparent.
Il est celui qui fait miséricorde, le Miséricordieux.
Il est Dieu !
Il n'y a de Dieu que Lui !
Il est le Roi, le Saint, la Paix,
Celui qui témoigne de Sa propre véridicité.
Le Vigilant, le Puissant,
le Très Fort, le Très Grand. (…)

Il est Dieu ! Le Créateur, Celui qui donne un commencement à toute chose ; Celui qui façonne.
Les noms les plus beaux
Lui appartiennent. Celui qui est dans les Cieux et sur la Terre célèbre ses louanges.
Il est le Tout-Puissant, le Sage.
(Sourate 59, v. 22 à 24 ; traduction de Si Hamza Boubakeur.)

Enfin :
Dieu !
Il n'y a de Dieu que lui !
Les noms les plus beaux
lui appartiennent !
(Sourate 20, v. 8.)

Les quatre-vingt-dix-neuf noms de Dieu

Selon un hadith transmis par un des compagnons du Prophète, « Dieu possède quatre-vingt-dix-neuf noms ou cent moins un ; celui qui les retiendra dans sa mémoire entrera au paradis ». Les traditionnistes et les exégètes en ont dressé la liste. On voit encore dans certains pays des hommes pieux égrener les grains d'un chapelet musulman, la *subha*, comprenant un nombre de grains toujours multiple de onze, leur permettant de réciter les noms d'Allah.

Les plus évoqués sont : Allah, Lui (*Houwa* en arabe), la Vérité (*Al-Haqq*), l'Unique (*Al-Wahid*), le Vivant (*Al-Hayy*), le Sublime, le Miséricordieux (*Al-Rahîm*), le Clément (*Al-Rahmân*), le Créateur absolu, le Très Haut, le Tout-Puissant (*Al-Aziz*), le Subsistant (*Al-Qayyoûm*), l'Invincible (*Al- Kahhâr*), Le Seigneur (*Al-Rabb*), le Donateur (*Al-Wahhab*), le Généreux (*Al-Karîm*), etc.

Le recours à ces attributs d'Allah ponctue en général la journée du croyant : *Al-hamdou lil Lâh*, (Qu'Allah soit loué) ; *Soubhân Allah* (Gloire à Allah) ; *Istaghfara Allah* (Qu'Allah nous pardonne)… Ce sont là des formules que nous entendons dire et répéter tout au long de la journée par les fidèles. Mais les chrétiens vivant en pays musulman et notamment dans la sphère arabe ont également recours à ces expressions. On dit aussi que le centième nom, tenu secret, est réservé au Prophète et à ceux d'entre les croyants qui sont pénétrés de savoir religieux.

Les prophètes de l'islam

Pour l'islam, Mahomet, l'envoyé de Dieu, est le point culminant et le dernier de la lignée des prophètes. Cinq grands prophètes l'ont précédé.

Noé, *Nouh*

Personnage biblique cité une quarantaine de fois dans le Coran, Noé, tout comme Mahomet, fut d'abord raillé par ses semblables qu'il avertissait du châtiment divin. Il est, après Adam, le premier prophète de l'islam. La Révélation fait le récit de la construction de son arche et du déluge.

Abraham, *Ibrahim*

Deuxième prophète reconnu par les musulmans, Abraham, *Ibrahim* en arabe, est d'une importance fondamentale puisqu'il est considéré comme le père de l'humanité. Son nom est cité une cinquantaine de fois dans le Coran. Il est la figure exemplaire du monothéisme, l'ami de Dieu et le guide (l'*imam*). Avant tout, Abraham est celui qui combattit les idoles et qui accepta, pour Dieu, le sacrifice de son fils. C'est cet épisode du Livre que les musulmans commémorent chaque année lors de l'*Aïd el-Kebir*, la fête du mouton. Son fils *Ismaïl* (Ismaël dans la Bible) qui, selon la tradition musulmane, l'aida à reconstruire le temple de la Kaaba, est l'ancêtre des Arabes.

Moïse, *Moussa*

Le troisième grand prophète est Moïse, *Moussa*. Son nom est cité une centaine de fois. Selon le Coran, il s'entretint avec Dieu sans que celui-ci ne lui apparaisse. Dans l'ensemble, les récits coranique et biblique concernant Moïse sont identiques ; le Coran insiste particulièrement sur le récit des dix plaies d'Égypte, présentant le prophète comme l'instrument de la toute-puissance divine.

Jésus, *Issa*

Pour Jésus, *Issa*, le quatrième grand prophète, les récits diffèrent. Si pour les musulmans Jésus est effectivement le Messie, fils de la vierge Marie, il n'est en aucun cas fils de Dieu et encore moins Dieu qui s'est fait homme. De plus, selon la Révélation, Jésus ne fut pas crucifié mais Dieu le rappela à ses côtés, l'éleva vers Lui. Sa soumission et sa ferveur religieuse représentent pour les musulmans un exemple à suivre d'obéissance à la volonté divine.

Mahomet, *Mouhammad*

Mouhammad (Mahomet), enfin, est le dernier prophète, celui venu parfaire la religion de tous les hommes, celui qui scelle la prophétie. Il est celui qui a reçu la Révélation, le verbe de Dieu, par l'intermédiaire de l'archange Gabriel. Il est dit qu'en sa compagnie Mahomet fit un Voyage nocturne (*laylat al-miraj*) au cours duquel il vit les cieux, le paradis et les enfers. Le récit de cette ascension précise que, au cours de son voyage, il rencontra tous les prophètes qui l'avaient précédé ainsi que Dieu lui-même.

…et les autres

Le Coran cite encore de nombreux autres prophètes, connus ou non dans les autres religions du Livre, tels que Adam, Isaac, Jacob, Jonas, Joseph, Job, David, Élie, ainsi que des prophètes arabes comme Saleh et Houd…

Interpréter les textes sacrés

Ceci est, pour les hommes, un appel à la clairvoyance,
une Direction et une Miséricorde
en faveur d'un peuple qui croit fermement.
(Sourate 45, v. 20.)

Comment procéder pour interpréter une parole divine révélée et en déduire des principes, des lois pour l'ensemble de la communauté ? En islam, on appelle *ijtihad* l'effort de réflexion personnelle requis pour étudier les sciences religieuses. La racine du mot en arabe est *JHD* (prononcé *jihd)*, et veut dire littéralement « effort ». Celui qui se livre à l'*ijtihad* est le *moujtahid* (au pluriel : *moujtahidine*).
Cette interprétation s'appuie bien entendu en premier lieu sur le Coran, puis sur la tradition du Prophète, la Sunna (voir clés 13 et 15). Mais elle se fonde aussi sur le raisonnement analogique et sur le consensus.

Analogie et consensus

Le jugement par analogie (*qiyâs*, en arabe) s'applique lorsque l'on se trouve dans des circonstances que ni le Coran ni la Sunna ne mentionnent. On essayera alors de trouver dans les textes une situation semblable ou similaire et l'on procédera par analogie. Le *qiyâs* est traditionnellement reconnu comme étant la troisième source du droit musulman aux côtés du Coran et de la Sunna.
La quatrième source fondamentale est le consensus de la communauté, l'*ijmâ'*. Le Prophète lui-même n'a-t-il pas déclaré que sa « communauté ne tombera jamais d'accord sur une erreur » ? Certes, le seul *ijmâ'* incontesté est celui des compagnons du Prophète, mais le consensus des docteurs de la Loi est suffisant pour les sunnites, le courant majoritaire de l'islam.
Outre ces quatre sources, il existe des sources secondaires : l'opinion rationnelle personnelle (*ra'y*), l'estimation ou

l'appréciation personnelle (*istihsan*), l'utilité ou l'intérêt public (*maslaha*) ou encore le droit coutumier, qui n'est pas nécessairement musulman (*'urf*).

Des bases juridiques intangibles

Qui peut toutefois définir aujourd'hui en islam de nouveaux dogmes, de nouvelles lois qui s'appliqueraient aux musulmans du monde entier ? Personne, puisque même le calife, s'il existait encore (voir clé 28), le chef suprême de toute la *Oumma*, la communauté, ne pourrait le faire. Seul le consensus, l'*ijmâ'* pourrait procéder à de telles définitions. C'est pourquoi, face aux divisions du monde islamique, les musulmans se contentent de faire référence aux deux premières sources, le Coran et la Sunna.
Aux premiers siècles de l'islam, la multitude des interprétations avait laissé craindre l'apparition de divergences violentes. C'est pourquoi les tendances dominantes de l'époque avaient radicalement écarté certaines écoles. Celles qui ont été alors retenues, au nombre de quatre, constituent aujourd'hui une orthodoxie de fait, et non de droit. Ces quatre écoles juridiques inspirent le droit musulman (le *fiqh*), qui gère la vie quotidienne des musulmans et leurs relations sociales.

Quelle évolution possible ?

Dès le XIe siècle de notre ère, comme on vient de le voir, la crainte de l'anarchie a « fermé la porte de l'*ijtihad* », a provoqué l'arrêt de la recherche de l'effort personnel, surtout dans le sunnisme majoritaire. Depuis, l'effort d'interprétation s'est totalement figé, comme le droit musulman lui-même. Les réformateurs appellent de leurs vœux la « réouverture de la porte de l'*ijtihad* », condition *sine qua non* à tout renouveau et surtout à l'adaptation de l'islam à l'évolution du monde.

Les écoles juridiques

Quatre écoles juridiques, nées entre 767 et 855, perdurent après la fermeture de la « porte de l'*ijtihad* » (voir clé 20). Leurs fondateurs sont de grands jurisconsultes sunnites.

L'école hanafite ou hanafisme

Elle a été créée par Abou Hanifa, un juriste iranien de Koufa, en Irak, mort en 767 de notre ère. Il a privilégié le raisonnement par analogie (*qiyâs*) et surtout *al-ra'y*, l'opinion rationnelle personnelle, dont il est considéré comme le théoricien, ainsi que l'estimation personnelle ou la solution la meilleure (*istihsan*).

Abou Hanifa n'a pas laissé d'ouvrage mais de nombreux disciples. Son école est considérée comme la plus libérale et a la préférence des musulmans non arabes. Elle a été l'école de l'Empire ottoman et est toujours largement suivie aujourd'hui en Turquie, en Inde, en Chine, dans les pays musulmans d'Asie centrale, mais aussi en Syrie, en Jordanie et dans une partie de l'Égypte. Très critiquée par les autres courants, elle fut accusée d'être responsable de plusieurs doctrines hérétiques.

L'école malékite ou malékisme

Elle a été fondée par Malik Ibn Anas, mort en 795 à Médine, dans la ville sainte du Prophète. Il admet comme source du droit, outre le Coran et la Sunna, la coutume, le *'urf* de Médine. S'il s'appuie certes essentiellement sur les hadith émanant des gens de Médine, il a aussi introduit le principe de l'utilité générale, la *maslaha*. Il a laissé un ouvrage, *Le chemin aplani*, dans lequel il dresse un tableau du droit médinois.

Son école est surtout suivie en Afrique du Nord, dans une partie de l'Égypte, au Soudan et en Afrique noire. Les malékites sont particulièrement intransigeants à l'égard de tous les schismatiques de l'islam comme les kharejites (les « sortants ») ou les chiites (voir clé 6).

L'école châféite ou châféisme

Son fondateur, Al-Châfé'i, est né en 767 en Palestine et mort en 820 en Égypte. Il est à Médine un élève de Malik Ibn Anas. Son école pose clairement les sources du droit (*ouçoul*). Il a recours au raisonnement par analogie lorsque les trois premières sources – Coran, Sunna et *ijmâ'* (consensus) – sont inopérantes. Alors peuvent également intervenir l'effort de réflexion personnelle (*ijtihad*) et l'opinion personnelle du juge (*ra'y*).

Après avoir été l'école officielle des Abbassides (750-1258), le châféisme est implanté aujourd'hui en Égypte, en Syrie, en Indonésie et en Malaisie.

L'école hanbalite ou hanbalisme

Fondée par Ibn Hanbal, un arabe d'Irak né à Bassora en 780 et mort à Bagdad en 855, c'est sans aucun doute l'école la plus rigoriste. Violemment opposé aux écoles dites rationalistes et à toute interprétation spéculative, Ibn Hanbal élabore sa doctrine sur le refus de toute innovation (*bid'a* en arabe). Il fait de la fidélité absolue aux textes du Coran et de la Sunna le seul critère de la loi.

Ibn Hanbal est devenu le père naturel de ceux qu'on appelle aujourd'hui les islamistes. Il a inspiré une série de théologiens traditionalistes comme Ibn Taymiyya au XIVe siècle et Mohammed Ibn Abd el-Wahhab, qui institua en 1744 le wahhabisme, rite intégriste officiel de l'Arabie saoudite (voir clé 45). Encore plus rigoureux que le hanbalisme, le wahhabisme interdit le mysticisme dans l'islam, le chiisme schismatique, mais aussi la philosophie, la musique, le théâtre, la poésie, le culte des saints, toutes ces disciplines étant dénoncées comme des innovations inacceptables.

Ces quatre écoles se partagent les faveurs des musulmans sunnites, qui représentent aujourd'hui 90 % des musulmans dans le monde.

En revanche, dans le chiisme, la porte de l'interprétation, l'*ijtihad*, n'est pas refermée et les jurisconsultes continuent à faire un effort personnel d'interprétation dont le débat marque d'ailleurs l'évolution et parfois les mutations du chiisme, notamment en Iran.

La loi islamique : la chari'a

Littéralement la *chari'a* veut dire « la voie à suivre » ; c'est une série de recommandations et de mises en garde, d'interdictions et de commandements qui dit au croyant ce qu'il faut faire ou ne pas faire pour être un bon musulman.

Une hiérarchie des préceptes

La *chari'a* contient deux parties :

— les obligations du culte (*'ibadât*), qui reposent dans la pratique sur cinq prescriptions communautaires, cinq obligations tellement importantes qu'on les appelle les « piliers (*arkân*) de l'islam » (voir clé 26).

— les relations civiles et sociales, les obligations ayant trait aux relations des hommes avec les autres hommes : les *mou'âmalât*.

Dans les deux cas, la loi classe les actes des femmes et des hommes en islam en cinq catégories différentes :

— ce qui est permis, licite ;

— ce qui est recommandé ;

— ce qui est obligatoire ;

— ce qui est détestable et non recommandé ;

— ce qui est interdit et illicite (voir clé 23).

Le mariage

Se marier en islam est un devoir. L'islam autorise la polygamie, limitée à quatre épouses au plus à condition que l'homme puisse subvenir équitablement aux besoins de toutes et qu'il soit juste envers chacune d'elles ; concrètement cela signifie qu'il doit équitablement partager ses nuits entre elles. En revanche l'homme ne peut épouser deux sœurs ni toute femme ayant avec lui des liens de sang ou de lait (nourrice et sœurs de lait). Le mariage en islam n'est pas un sacrement comme dans le christianisme, c'est un contrat profane qui peut éventuellement être résilié. C'est à l'homme d'apporter une dot (*mahr*). La femme pourra la garder en cas de divorce, en guise de compensation.

Le consentement est obligatoire. Pour la femme, il est exprimé par son tuteur matrimonial, un homme de sa propre famille, sinon le chef de famille – le *pater familias* – autour duquel s'organise en général la vie familiale.
Un musulman peut épouser une fille des « gens du Livre » (juive ou chrétienne) sans que celle-ci ait à se convertir. Les enfants seront élevés dans la religion musulmane. Il est tout à fait interdit en revanche à une musulmane d'épouser un non-musulman ; celui-ci devra obligatoirement se convertir à l'islam.
L'homme doit entretenir sa femme et s'abstenir de mauvais traitements ; la femme n'a pas à participer aux frais du ménage et garde ses biens propres.
Il existe également une pratique de mariage temporaire, *mout'a*, qu'on appelle aussi « mariage de jouissance », encore pratiqué en Iran, mais qui est illicite dans l'islam sunnite orthodoxe.

Le divorce

En théorie, la femme peut demander le divorce (*al-talâk*) mais certaines écoles juridiques lui refusent ce droit. Et lorsqu'elle peut le faire, socialement il lui sera quasiment impossible de passer à l'acte. Le divorce se résume, dans la majorité des cas, à la répudiation de la femme par l'homme.
Contrairement à une idée répandue, l'islam a limité la répudiation, qui était excessivement pratiquée dans l'Arabie préislamique où l'homme pouvait répudier sa femme au gré de sa fantaisie, sans aucune restriction.
La réglementation du *talâk* visait à être plus favorable à la femme, en instaurant une période probatoire de deux fois trois mois qui suivait une première puis une deuxième prononciation de répudiation, ce qui laissait au couple six mois au cours desquels l'époux aurait pu changer d'avis. Mais dans la pratique, la plupart du temps, l'homme ne la respecte pas.

Les autres actes du droit privé

- L'héritage. La femme hérite, ce qui est une nouveauté par rapport à la période de Mahomet où la femme n'avait droit à rien. Certes, puisqu'elle est entretenue par son époux, sa part est la moitié de celle de l'homme.

• La naissance. Rien n'est prévu sinon des coutumes de prières dites au moment de la venue au monde de l'enfant. Il est également d'usage de sacrifier un mouton ou une chèvre au septième jour de vie de l'enfant.

• La circoncision. Cette pratique, qui existait en Arabie avant l'islam, n'est ni une prescription ni une obligation coranique. C'est une tradition recommandée et la grande majorité des musulmans sont circoncis. Il est conseillé de pratiquer l'intervention dès les premiers jours de la naissance, bien que dans certains pays, comme en Afrique noire, on attende l'âge de la puberté pour la pratiquer. L'usage veut qu'elle ait lieu un vendredi, si possible durant le mois de ramadan et idéalement pendant la nuit du Destin (*laylat al-Kadr*), le 27 du mois de ramadan, au cours de laquelle le Coran est descendu du ciel pour être révélé au Prophète par l'archange Gabriel.

De la même manière, l'excision des filles n'a aucune origine coranique : c'est une coutume préislamique assez peu répandue dans les pays musulmans. Mais certains exégètes la recommandent et l'islam orthodoxe ne l'interdit pas.

Les délits et les crimes

L'adultère (*zinâ*) prouvé par quatre témoins est puni par le Coran de cent coups de fouet. Néanmoins un faux témoignage en matière d'adultère est, lui, sanctionné de quatre-vingts coups de fouet. Dans certains pays islamiques où les dirigeants sont « plus royalistes que le roi », comme en Arabie saoudite, la femme adultère est lapidée à mort par des jets de pierres.

La peine est sévère pour le vol (*sarîka*) puisque le Coran prescrit de trancher la main du voleur.

Il n'est prescrit aucune sanction pour la transgression des interdits alimentaires. Mais là encore, on a vu des juristes musulmans plus sévères que la chari'a punir de quatre-vingts coups de fouet le fait de boire du vin.

Les interdits

L'islam exprime des devoirs mais aussi beaucoup d'interdictions précises dont certaines lui sont propres. Sont interdits (*haram*) le reniement de Dieu, le manque de respect envers les parents, des actes de mœurs tels que l'adultère ou la fornication, la sodomie ou l'homosexualité, le meurtre, le suicide, le vol, le mensonge, la corruption, la médisance, la sorcellerie, l'usure, le faux témoignage…

Une stricte discipline alimentaire

Il vous a seulement interdit
la bête morte, le sang, la viande de porc
et tout animal sur lequel on aura invoqué
un autre nom que celui de Dieu.
Mais pour quiconque serait contraint d'en manger
sans pour cela être rebelle ni transgresseur,
Dieu est celui qui pardonne, il est miséricordieux.
(Sourate 16, v. 115.)

Il existe aussi des interdits vestimentaires, esthétiques, géographiques, économiques ou alimentaires. Ainsi, les jeux de hasard sont interdits. L'ivresse est condamnée, de même que le vin et les boissons fermentées « voilant la clarté de l'esprit et éloignant le fidèle de Dieu » ; soulignons toutefois que le Coran lui-même a été quelque peu hésitant en ce qui concerne le vin et les boissons fermentées.
Autre exemple d'interdiction caractéristique : manger du porc, animal impur par excellence. En effet, selon une tradition rapportée par un prosateur arabe du IXe siècle, le porc aurait été créé par Dieu pour débarrasser Noé des excréments des animaux de son arche. Il faut tout de même noter que le porc est considéré comme impur depuis l'Antiquité pharaonique et dans beaucoup d'autres religions.

D'autres prescriptions alimentaires, telles que ne pas consommer de sang et de bête trouvée morte ou sacrifiée non rituellement, sont précisées par le Coran, l'islam donnant au repas, comme au reste de la vie sociale, une dimension religieuse.

L'islam et les gens du Livre

Vis-à-vis des fidèles des autres religions monothéistes, qu'il appelle « gens du Livre » (*Ahl al-Kitâb*), l'islam a une attitude contrastée. En arrivant à Médine, le Prophète espérait trouver un appui auprès des trois tribus juives de la ville : n'étaient-elles pas farouchement monothéistes, se réclamant de la même descendance d'Abraham ?

À l'égard des chrétiens, la même attitude d'ouverture se manifeste au début de la prédication. Le Prophète lui-même signe en 631 un pacte avec la communauté chrétienne de l'oasis de Najran. En échange d'un impôt spécial, mais raisonnable, ce « pacte de Najran » garantit la protection de la *Oumma* (voir clé 7) aux chrétiens de la région et assure qu'aucune humiliation ne pèsera sur eux.

Ce libéralisme se retrouvera dans le Coran : « Pas de contrainte en religion ! »

Un statut libéral, mais précaire…

Mais l'euphorie des premières années va vite laisser la place à des circonstances aggravantes. Plus les mois passent, plus les avertissements et les menaces se multiplient à l'égard des juifs et des chrétiens. On reproche aux premiers de s'être détournés des Écritures : « Ceux qui étaient chargés de la Torah et qui, ensuite, ne l'ont plus acceptée, ressemblent à l'âne chargé de livres » (sourate 62, v. 5).

Aux seconds, le reproche est encore plus lourd puisqu'il va les ranger bientôt dans la catégorie des impies : « Ceux qui disent : "Dieu est, en vérité, le Messie, fils de Marie" sont impies » (sourate 5, v. 17). Et dans la même sourate : « Oui, ceux qui disent : "Dieu est, en vérité, le troisième des trois" sont impies » (v. 73).

La protection (« dhimmitude », de l'arabe *dhimmis*, « protégés ») va devenir de plus en plus pesante, car elle s'assortit de restrictions précises. D'autres pactes seront signés, le plus important étant le « pacte d'Omar », signé en 635 par les chrétiens de Syrie et de Palestine lors de la conquête musulmane. Celui-ci exige des minoritaires de « demeurer dans [un] état d'humiliation », ce qui est en complète contradiction avec le pacte de Najran. Mais ce nouveau pacte s'inscrira rapidement dans la tradition et certaines écoles juridiques en feront en modèle, « la voie à suivre ».

...discriminatoire et restrictif

Le régime qui sera désormais appliqué aux juifs et aux chrétiens comprend plusieurs dispositions.

- Les charges d'exécution sont seules ouvertes aux *dhimmis*. Ceux-ci ne peuvent en aucun cas exercer de juridiction sur un musulman ; ils ne peuvent posséder d'esclave musulman ni un exemplaire du Coran.
- Ils ont parfaitement le droit de posséder des objets ou des aliments interdits pour les musulmans mais permis par leur propre religion : vin, viande de porc, animaux non abattus ou égorgés rituellement.
- Ils pourront exercer des métiers utiles à l'intérêt général ou à la cité mais qui sont prohibés par la loi musulmane : banque ou commerce de métaux précieux...
- Les gens du Livre pourront exercer leur culte librement, dans leurs lieux de culte déjà existants, mais ils ne pourront en construire de nouveaux sans la permission de leur « protecteur ».
- Un *dhimmi* pourra se convertir à l'islam mais la conversion inverse d'un musulman est interdite.
- Un *dhimmi* ne pourra pas épouser une musulmane, sauf s'il se convertit ; en revanche, un musulman pourra épouser une juive ou une chrétienne sans que celle-ci ne devienne musulmane, mais les enfants, dans ce cas, seront musulmans.
- Aucune attitude ou parole irrespectueuse contre l'islam ou le Prophète ne sera admise.
- Le comportement du *dhimmi* à l'intérieur de la cité devra toujours être contrit et humble. Il devra céder le pas au musulman. Il paiera un impôt spécial de capitation, la *djizya*.

• Leurs habitations seront moins élevées que celles des musulmans. Il leur sera interdit de porter le turban ou l'habit militaire. Ils porteront une ceinture ou une pièce d'étoffe cousue sur l'habit, bleue ou grise pour les chrétiens, jaune pour les juifs.

Une tradition qui perdure

Ce statut a été officiellement abrogé après la Première Guerre mondiale, en 1923. Néanmoins, dans les sensibilités populaires, certaines attitudes perdurent, même si la plupart de ces prescriptions sont tombées aujourd'hui en désuétude. Et les courants de pensée de la mouvance islamiste y reviennent de plus en plus souvent.

Sur le plan du statut personnel, la tradition se perpétue : les tribunaux de droit privé relèvent chacun de la religion et même du rite auxquels ils appartiennent. Pour des chrétiens, ce sont les lois chrétiennes qui sont appliquées ; pour des juifs, ce sont les lois juives.

12 clés pour rencontrer

La pratique de la foi musulmane

Être musulman

Être musulman, c'est avant toute chose se soumettre et s'abandonner à Dieu. Le *muslim* (au pluriel *mouslimoun*) est le musulman qui a choisi de témoigner, d'attester qu'« il n'y a de Dieu que Dieu » et que « Mahomet est Son messager ».
C'est aussi celui qui va pratiquer les « cinq piliers de l'islam » ou les prescriptions communautaires (voir clé suivante). C'est enfin celui qui se considère comme faisant partie de la *Oumma*, la communauté (voir clés 7 et 38).
On ne devient pas musulman par le biais d'un rituel comme le baptême ou la conversion au judaïsme, qui fait suite à un long processus d'initiation. Il suffit pour être un *muslim* qu'on le soit par naissance ou qu'on proclame la *chahâda* (la profession de foi), qui est le premier pilier de l'islam, devant une assemblée de musulmans (au moins deux témoins) qui reconnaîtront comme tel l'auteur de cette proclamation, de ce témoignage.

Les cinq piliers de l'islam

La pratique du culte repose sur cinq obligations tellement fondamentales qu'on les appelle « les piliers » (*arkân*, en arabe) de l'islam. Ces prescriptions communautaires sont également qualifiées d'obligations du culte (*ibadât*). Des obligations certes rituelles, mais leur aspect formel ne suffit pas : il est indispensable de les accompagner d'une intention pure et sincère (*niyya*) pour qu'elles revêtent un caractère régulier.

1. La profession de foi, ou *chahâda*

« J'atteste qu'il n'y a de Dieu qu'Allah et que Mahomet est l'envoyé (*rasoul*, en arabe) d'Allah. » C'est à la fois l'attestation de l'unicité de Dieu, par laquelle le croyant témoigne de son adhésion au monothéisme, et celle du caractère prophétique de la mission de Mahomet, celle de la croyance du fidèle dans la mission du Prophète.
C'est également (voir clé précédente) la formule de conversion à l'islam.

2. La prière ou *salât*

C'est là une obligation quotidienne pour le musulman. Elle a lieu cinq fois par jour, à des moments bien précis liés à la course du soleil :

- à l'aube (en arabe : *al-fajr* ou *al-sobh*), quand le ciel commence à s'éclairer d'une lueur rosée, tout juste avant l'apparition du soleil ;
- à midi (*al-zohr*) ;
- au milieu de l'après-midi (*al-asr*) ;
- au crépuscule, au moment du coucher du soleil, d'où son nom : *al-maghreb* ;
- le soir, au début de la nuit (*al-atma*).

On la retrouve dès la récitation des premières sourates mecquoises : « Acquitte-toi de la prière au déclin du soleil,

jusqu'à l'obscurité de la nuit ; fais aussi une lecture à l'aube : la lecture de l'aube a des témoins. » (Sourate 17, v. 78.)
La prière permet d'observer l'importance du rite en islam, aussi bien sur le plan liturgique qu'en ce qui concerne les phases préparatoires : de même que le musulman doit se purifier pour entrer dans une mosquée ou dans un lieu saint, pour jeûner ou pour toucher un livre sacré, de même il doit se trouver en état de pureté pour prier (voir clé 33).

3. L'aumône obligatoire ou *zakat*

Tout musulman qui en a les moyens doit verser à la communauté une aumône légale. L'aumône volontaire, spontanée est la *sadâka* (la générosité). En revanche, la *zakat* a une connotation de purification, comme une sorte d'impôt prélevé auprès des plus favorisés au profit des pauvres et de la communauté. C'est donc, comme le rappelle un hadith, la solidarité communautaire qui l'inspire : « Dieu prive de sa protection une communauté dans laquelle se trouve un homme qui a faim. »

4. Le jeûne du mois de ramadan ou *sawm*

Le jeûne en islam est très rigoureux. Obligatoire dès la puberté, il consiste à ne pas manger, ni boire, ni fumer, ni avoir d'activité sexuelle du lever au coucher du soleil, et ce pendant tout le mois de ramadan, le neuvième mois de l'année lunaire musulmane. Dans le même temps, durant cette période, le musulman doit faire un effort pour être encore meilleur que d'habitude, essentiellement sur le plan moral.
Après le jeûne du jour viennent les joies de la nuit. Le repas du soir, qui doit être sobre, est marqué par la convivialité. C'est à cette époque de l'année que l'on sert des plats spécifiques à chaque région, à chaque pays.
La rupture du jeûne culmine le jour de la « petite fête », l'*Aïd el-Fitr*.

5. Le pèlerinage à La Mecque : le *hajj*

Tout musulman doit s'efforcer d'accomplir au moins une fois dans sa vie le *hajj,* le grand pèlerinage à La Mecque. Il se

Le rituel de la prière

En premier lieu, on se tourne vers la *kibla*, c'est-à-dire en direction de La Mecque. Il faut préciser qu'au début de la prédication de Mahomet, la *kibla* désignait la direction de Jérusalem. Ce n'est qu'à Médine, après 622, que la direction de La Mecque est adoptée. Ce changement est dû à diverses raisons, et en particulier à l'importance, pour les Arabes, de la Kaaba. Elle représentait le temple de La Mecque construit selon eux par Abraham pour le sacrifice de son fils, panthéon antique du temps du polythéisme, mais désormais consacré à Allah l'unique.

Le rituel de la prière comporte cinq parties, associées à des postures corporelles, qui constituent une *rak'a*. Il peut y avoir selon l'heure de la journée un nombre variable de *rak'a*.

- **Le *takbir*** : seul, sur son tapis de prière, ou en communauté, le fidèle, debout les deux mains ouvertes à hauteur des épaules, énonce le *Allahou Akbar* (« Dieu est le plus grand »). Toujours debout, il récite la *Fatiha*, la première sourate du Coran (voir clé 13).
- **En fonction des circonstances et de l'heure** de la journée, le priant choisit quelques passages du Coran qu'il récite.
- **Puis le fidèle s'incline** en mettant ses mains sur ses genoux et récite à nouveau le *takbir*. C'est ce qu'on appelle le *roukou'*.
- **En se relevant, il proclame** : « Que Dieu entende celui qui chante Ses louanges. Dieu notre seigneur, à Toi la gloire. »
- **Puis a lieu le *soujoud*, la prosternation**. Le croyant se prosterne jusqu'à ce que son front touche le sol en prononçant à trois reprises : « Gloire à mon Seigneur Tout-Puissant. » Se redressant et en restant agenouillé, il récite alors un troisième *takbir*, avant d'accomplir un second *soujoud*. Puis il se relève en proclamant « Dieu est le plus grand ».

Une fois par semaine, le vendredi à midi, la prière revêt une importance particulière et un caractère à la fois solennel et surtout communautaire : « Ô vous, les croyants ! Quand on vous appelle à la prière du vendredi, accourez à l'invocation de Dieu ! Interrompez tout négoce : c'est un bien pour vous, si vous saviez ! » (Sourate 62, v. 9.) À cette heure de prière communautaire qui se déroule à la mosquée, où l'on va à la fois prier et écouter la *khotba* (la prédication), toute activité s'arrête.

déroule pendant le dernier mois de l'année lunaire, celui de *Dhu al-Hijja*. Tout fidèle qui l'accomplit mérite à son retour le titre de *hajj* (pèlerin). S'il est effectué à une autre époque de l'année, le pèlerinage ne revêt pas le même caractère de piété communautaire : c'est la *'oumra*, acte de piété individuel. Le *hajj* obéit à une injonction divine : « Nous avons fait de la Maison un lieu où l'on revient souvent et un asile pour les hommes. Prenez donc la station d'Abraham comme lieu de prière. » (Sourate 2, extrait du v. 125.) C'est là en effet que le Père de l'humanité a entendu Dieu lui demander de sacrifier son premier-né Ismaël considéré comme l'ancêtre des Arabes et qu'il avait eu avec sa servante Agar ; c'est là aussi qu'est né l'islam, où la parole divine est descendue sur Mahomet, le Messager.

Une religion sans clergé

Une des spécificités de l'islam est l'absence de clergé : Mahomet n'a pas voulu désigner son successeur et cela a suffi pour susciter les premières dissensions et divisions au sein de la communauté. La majorité a préféré à la descendance du Prophète la cooptation d'un dirigeant à la fois temporel et spirituel qui soit digne, sage et courageux (voir clé 6).
S'il n'existe pas de clergé en islam, c'est que nul n'a le droit de parler au nom des musulmans. Et sur le plan des principes, le Coran ne confère à aucun clerc une autorité réelle. Chaque croyant peut porter témoignage des hommes auprès de Dieu. De la même manière, tout croyant reconnu par son environnement comme un bon musulman est habilité à s'exprimer au nom de l'islam.

Le risque d'un islam instrumentalisé

Il n'en reste pas moins qu'en l'absence de clergé, les hommes de religion en islam, quelles que soient les fonctions qu'ils occupent, disposent tout au moins d'une autorité morale qui leur donne les moyens d'exercer une influence réelle auprès de leurs coreligionnaires.
Dans cet ordre d'idées, la responsabilité de chaque fidèle au sein de la *Oumma* et l'absence de clergé hiérarchisé font de la société musulmane une société à la fois égalitaire et théocratique.
Une telle situation entraîne naturellement des risques, le plus important étant de permettre l'émergence de certaines personnalités fortes (voir clés 41 à 43) qui s'emparent de la foi des croyants pour, comme on l'a vu récemment dans l'actualité, instrumentaliser l'islam.

Le cas particulier des chiites

À la différence du sunnisme, les chiites ont encore un véritable clergé : à la mort de Ali, et surtout après le martyre de

Hussein (voir clé 6), la communauté assiégée par les armées sunnites s'organisa et se donna un clergé très hiérarchisé (voir clé 30).

Le calife, successeur du Prophète

Littéralement, le mot calife signifie le lieutenant, remplaçant du Prophète : *khalîfat al-Nabi*. La racine du mot *khalîfat* rejoint le verbe *khallafa* qui veut dire accoucher, donner naissance. Comme s'il s'agissait de souligner le lien quasi organique entre le Prophète et son successeur, Commandeur des croyants (*Amir al-Mu'minîn*). Les quatre premiers d'entre eux ont même été appelés « califes bien guidés » (*rachidoun*) par certains musulmans intégristes, qui voient dans leur règne un âge d'or de l'islam.

Pourtant, s'il faut en croire le Coran, il n'est d'autorité suprême que celle de Dieu : « Ceux qui te prêtent un serment d'allégeance ne font que prêter serment à Dieu. La main de Dieu est posée sur leurs mains. » (Sourate 48, v. 10.) Dans cette optique, le Prophète lui-même – et à plus forte raison ses successeurs – n'a d'autorité que celle qui lui est confiée par Dieu, tant sur le plan spirituel que temporel.

Mais le Livre saint précise qu'il convient d'obéir à Dieu, à son message et « à ceux d'entre vous qui détiennent l'autorité » (sourate 4, v. 59). Toujours selon le Coran, l'autorité suprême revient à la *Oumma*, la communauté des croyants, obéissant à une double démarche : commander le bien et interdire le mal ; témoigner des hommes auprès de Dieu.

Le responsable temporel suprême

Pour obéir à ces principes de base, il a fallu au cours de l'histoire distribuer les rôles et, de ce fait, créer des fonctions et surtout désigner des personnes pour les assumer.

Le calife en tant que remplaçant du Prophète est donc le responsable temporel suprême destiné à la fois à diriger la communauté, à sauvegarder l'égalité de tous, à rendre la justice, mais surtout à devenir un modèle pour les croyants, mis en avant (*imam,* en arabe) pour être imité. C'est dans ce sens que le calife dispose de la part de la *Oumma* d'une délégation de pouvoir exécutif et de souveraineté divine (*hâkimiyya*), puisqu'il n'existe point d'autorité en dehors de Dieu. Le califat a été officiellement aboli en 1924 (voir clé 43).

Imam, mufti, ouléma, cadi…

L'imam, celui qui se tient devant

Personnalité généralement cooptée par la communauté pour diriger la prière, l'imam n'est pas un clerc. Il peut être, dans la vie privée, un avocat, un lettré, un scientifique ou un simple artisan. Il doit cependant être reconnu pour sa piété et ses connaissances liturgiques afin d'assurer la correction du rite et la régularité de la prière. La communauté peut décider d'en choisir un autre à tout moment et pour des raisons diverses.

L'imam s'occupe de la mosquée, mais surtout de son organisation et de son fonctionnement « liturgiques ». Le vendredi, lors de la prière communautaire, l'imam, le même ou un autre désigné pour la circonstance, prononce la *khotba* (voir clé 32). Au cours de son prêche, l'imam peut aborder les sujets qui lui semblent importants : l'actualité, la morale, un événement concernant la communauté, etc.

« Mis devant » – sens originel du mot *imam* – pour diriger la prière, l'imam est devenu au fil du temps la personne à imiter.

Le mufti, spécialiste de la doctrine

Le mufti est à la fois l'autorité suprême administrative et religieuse dans tel ou tel lieu géographique. En France, il est nommé par le recteur de l'Institut musulman de Paris (« la Grande Mosquée ») ; celui de Marseille ou celui de Lyon exercent respectivement dans la région PACA et dans celle de Rhône-Alpes.

Tout pays musulman a un mufti de la république ou du royaume qui est considéré comme un fonctionnaire de l'État.

C'est lui qui prononce en principe les édits religieux, les *fatwa*. Puisque nul n'est habilité à légiférer en islam (voir clé 27), il s'agit simplement de donner un avis sur un cas précis en se fondant sur le Coran et la Sunna. C'est cet avis qu'on appelle une *fatwa*.

À la tête du tribunal religieux, le cadi

Le cadi est littéralement le juge, celui qui, à la tête d'un tribunal religieux, rend des jugements concernant les questions strictement religieuses, mais aussi tout ce qui relève du statut personnel : contrat de mariage, héritage, testament, garde des enfants, enregistrement de la répudiation, divorce, etc.

Les oulémas, docteurs de la loi

'alim, littéralement celui qui possède le savoir, est censé être un érudit, un savant en sciences religieuses. Le pluriel, *'oulama,* désigne les docteurs de la loi qui règnent souvent sur l'espace religieux de la communauté.

Ayatollah et mollah chez les chiites

À partir du XVIe siècle, le chiisme a été institué comme religion d'État en Iran. Les interprétations et les attitudes ont divergé sur la façon de considérer le pouvoir, surtout après la disparition du douzième imam de la lignée, « l'imam occulté », l'imam *mahdi* disparu en 874 (voir clé 6).
Si tous considèrent qu'en l'absence de l'imam occulté, toute forme de gouvernement demeure imparfaite, certains au sein du clergé chiite estimaient qu'il fallait, en attendant son retour, rester retranchés dans la vie spirituelle et la poursuite de l'*ijtihad*, cet « effort d'interprétation » qui ne s'est jamais arrêté dans le chiisme. Pour d'autres, au contraire, comme récemment l'ayatollah Khomeiny, l'imamat commandait de contester le pouvoir en place, considéré dans tous les cas comme illégitime. Cette dernière tendance allait l'emporter.

Un clergé hiérarchisé

Les docteurs de la loi, les *moujtahidine* (au singulier, *moujtahid*) qui consacraient leur vie à l'étude des sciences religieuses étaient très peu nombreux. De ce fait, plus ils approfondissaient leur science, plus ils étaient consultés et plus le cercle de leurs disciples augmentait. Ces disciples ou ces étudiants se déterminaient par rapport aux travaux d'interprétation (*ijtihad*) d'un maître, qui devenait alors une référence (*marja'iyya*).
Lorsque à son tour, l'un des disciples devenait un *moujtahid*, son maître prenait le titre de *hujjat al-islam* (« preuve de Dieu »), pour bien montrer sa supériorité par rapport aux autres *moujtahidine*. Mais que se passait-il lorsque ces élèves en sciences religieuses devenaient à leur tour des *hujjat al-islam* ? On introduisit alors le titre d'*ayatollah* (« signe de Dieu »), puis celui d'*ayatollah ozma* (« grand ayatollah »). Si l'ayatollah est un membre du clergé chiite de haut rang, le

hujjat al-islam (*hojjat ol-eslam* dans la transcription persane) est un membre du clergé de rang intermédiaire ; le mollah est quant à lui le membre du clergé auquel les croyants demandent d'assurer les célébrations.
Le terme *imam* (littéralement « celui qui se tient devant », en persan *emam)*, chez les chiites, désigne les douze descendants du Prophète qui ont « guidé » la communauté.

Les Lieux saints de l'islam

La Mecque, la mère des Cités

La Mecque, la ville qui a vu naître Mahomet, est sans aucun doute le premier Lieu saint de l'islam, *Oum al-Koura*, la mère des Cités comme l'appelle le Coran. La Mecque accueille le pèlerinage de la communauté le dernier mois de l'année.

La Ville sainte de l'islam est dans la tradition populaire la réplique d'une cité céleste. L'eau du puits sacré de Zemzem, en face de la Kaaba, désaltère les croyants venus effectuer l'un des piliers de l'islam, le *hajj*, le pèlerinage. Tous les ans en effet y convergent des milliers de pèlerins venus de tous les coins de la planète, plus d'un million et demi au total.

C'est ici sans doute que l'on éprouve le plus l'aspect égalitaire de l'islam : au centre de la Grande Mosquée, les pèlerins qui tournent rituellement sept fois autour de la Kaaba, cette pierre noire sacrée apportée par l'archange Gabriel, initialement immaculée et censée avoir été noircie par le péché humain, sont tous nus, sous un drap blanc. Et cela, qu'ils soient fils de roi ou fils de rien, croyants arabes ou africains, asiatiques, occidentaux… Le Prophète n'a-t-il pas dit dans un hadith : « Vous êtes tous égaux comme les dents d'un même peigne » quels que soient la couleur de la peau et le statut social du fidèle ?

Médine, la ville illuminée

Médine, la ville illuminée, *al-Madina al-Mounawwara*, se trouve à environ cinq cents kilomètres au nord de La Mecque. C'est là que Mahomet a préféré se faire inhumer après sa mort, en 632 ; c'est là aussi qu'est inhumée sa fille préférée, Fatima, mère de Hassan et de Hussein, épouse d'Ali.

Mais personne ne peut voir leurs sépultures, cachées derrière des grillages et des rideaux depuis la prise de Médine par les Saoudiens, dans les années vingt. En effet, la dynastie wahhabite condamne le culte des saints, et avec lui les mausolées ou autres monuments funéraires.

Médine est la ville du Prophète, celle qui l'a accueilli lorsque les siens l'avaient rejeté, celle où la communauté musulmane s'est organisée, articulée et à partir de laquelle elle a connu une expansion fulgurante. Médine, enfin, est la ville qui a accueilli l'hégire, l'émigration des premiers compagnons du Prophète, le noyau de la communauté naissante. Cette émigration marque à la fois le début du calendrier hégirien (voir clé 3) et, peu de temps après, le changement de la *kibla* (direction de la prière) qui va passer de Jérusalem à La Mecque.

Jérusalem, la demeure sacrée

« Allah regarde tous les jours en direction de Jérusalem et prend en pitié celui qui y habite », dit un hadith. Jérusalem, la demeure sainte pour les musulmans (*bayt al-moukaddass*), par analogie avec La Mecque, *bayt al-harâm* ou la demeure sacrée.

La Ville trois fois sainte pour les monothéismes tient une place particulière dans la tradition musulmane puisque c'est ici que, partie de La Mecque, une jument ailée au visage de femme et à la queue de paon, *al-Borak*, a emmené le prophète Mahomet, en compagnie de l'archange Gabriel, première étape d'un voyage nocturne appelé *isra*. À Jérusalem, *al-Borak* va transporter le Prophète vers le Rocher sacré où l'attend une échelle qui doit lui permettre d'atteindre le ciel. C'est la deuxième étape du voyage nocturne, appelée *mi'raj* (ascension).

Ce voyage nocturne du Prophète est relaté dans ces termes à la sourate 17 : « Gloire à celui qui a transporté son Serviteur la nuit, de la Mosquée Sacrée à la Mosquée très éloignée autour de laquelle Nous avons mis Notre bénédiction, afin de lui faire voir certains de Nos signes. Il est l'Audient, le Clairvoyant. » (Traduction de Régis Blachère.) On n'y parle pas explicitement de Jérusalem, mais la tradition interprétera « la mosquée très éloignée » (en arabe *al-masjid al-aqsa*) comme étant à Jérusalem. Plus tard, lorsque le calife Omar fera de Jérusalem une ville musulmane, il demandera à Bilal, le muezzin du Prophète, d'appeler à la prière dans la mosquée qu'il venait d'édifier. Jérusalem sera désormais considérée la troisième ville sainte de l'islam.

D'autres lieux sacrés

D'autres villes saintes sont considérées comme des lieux sacrés en islam : Hébron, à une trentaine de kilomètres de Jérusalem (*al-Khalil*, « l'ami de Dieu », surnom donné à Abraham dans le Coran), qui abrite les tombes des patriarches Abraham, Isaac, Jacob et Joseph ; Boukhâra, où est né l'imam Boukhâri (810-870) rédacteur de la Sunna, mais aussi des savants et érudits comme le mathématicien Al-Khawarizmi.

Pour les chiites, la ville de Kerbala, en Irak, siège du martyre de l'imam Hussein, est une ville sainte et un lieu de pèlerinage très fréquenté.

Mosquées et lieux de culte

La tradition raconte que lorsque Mahomet et ses compagnons arrivèrent à Médine en 622, le Prophète laissa errer sa chamelle pour qu'elle choisisse le lieu où établir sa maison. Cet emplacement deviendra la mosquée de Médine, un édifice simple, fait de briques d'argile séchée, de troncs de palmier et de pierres. On l'appellera *masjid*, là où les fidèles vont se prosterner, ou encore *jameh*, qui veut dire « ce qui réunit ». La Grande Mosquée de Médine abrite le tombeau du Prophète et de sa fille préférée Fatima.

Un lieu de prière et de méditation

La mosquée n'est en aucun cas la demeure de Dieu comme peut l'être l'église ou la cathédrale ; c'est avant tout un lieu de prière. On y accède en général par une cour carrée au milieu de laquelle sont traditionnellement érigés un belvédère ou une fontaine aux ablutions, car nul ne peut prier sans s'être purifié (voir clé 33).

• La salle de prière est le cœur réel de la mosquée. Plus ou moins vaste, elle est le plus souvent ornée de versets coraniques calligraphiés. Il n'y a ni siège, ni banc, ni chaise : des tapis ou parfois des nattes tressées recouvrent le sol pour y accueillir les fidèles. À l'arrière de la grande salle, une loggia, parfois séparée par un rideau, constitue un petit espace distinct réservé aux femmes.

• L'imam est le maître de la cérémonie. Comme son nom l'indique, il se tient devant pour conduire la prière. Lors de la prière communautaire du vendredi, c'est à lui qu'il revient d'assurer le prêche (*khotba*) qui peut être religieux, politique ou éthique. Pour ce faire, il s'adresse aux croyants du haut du *minbar*.

• Le minbar, la chaire du prédicateur, fait partie du mobilier rituel de la mosquée. Si le Prophète a pris, selon la tradition, un tronc de palmier pour *minbar*, dans les grandes mosquées, la chaire du prône est en général façonnée dans du bois précieux minutieusement travaillé.

• Le *mihrab*, une niche concave creusée dans un des murs, indique la direction de La Mecque, la *kibla*, devant laquelle se place l'imam au moment de la prière. Toute mosquée doit impérativement avoir un *mihrab*.

• Le minaret vient du mot arabe *manâra* : c'est l'élément le plus visible de la mosquée. C'est d'ailleurs l'une de ses fonctions, qui permet au voyageur de repérer le lieu de culte, l'autre étant de donner au muezzin (celui qui lance l'appel à la prière, en arabe *adhân*) la portée nécessaire pour être entendu des fidèles. Aujourd'hui, le muezzin est la plupart du temps remplacé par un magnétophone et un haut-parleur. Le nombre

Les mosquées les plus prestigieuses

Si les mosquées de La Mecque et de Médine sont considérées comme les plus prestigieuses et les plus fréquentées du monde musulman, notamment en raison du pèlerinage, d'autres mosquées sont de véritables fleurons de l'art islamique, sans compter leur portée et leur charge symboliques.

• La mosquée d'Omar (dite aussi le Dôme du Rocher) et la mosquée d'Al-Aqsa à Jérusalem (VIIe siècle).

• La mosquée des Omeyyades à Damas (VIIIe siècle).

• La mosquée du Vendredi à Téhéran (XIe siècle).

• La mosquée de Kairouan en Tunisie (IXe siècle), appelée mosquée Sidi-'Okba du nom du général musulman 'Okba Ibn Nâfi, qui fut à l'origine de l'islamisation de l'Ifrikiyya (l'Afrique), c'est-à-dire le Maghreb. Construite en majeure partie au IXe siècle, elle est le plus ancien lieu de prière du monde musulman occidental.

• La mosquée Ibn-Touloun au Caire (IXe siècle), ainsi que la mosquée de l'université d'Al-Azhar (Xe siècle) qui abrite l'Académie des sciences religieuses et surtout un Haut-Conseil d'oulémas (docteurs de la loi) très performants et également influents dans le domaine de la doctrine.

• La mosquée Aya-Sophia et celle de Suleymaniyé à Istanbul, due au génie architectural de Sinan (XIVe siècle).

de minarets indique l'importance de l'édifice, mais n'a aucune signification cultuelle.

- La salle des ablutions est en quelque sorte un espace intermédiaire entre le monde profane et le monde sacré de la mosquée, celui de la prosternation devant Dieu, le véritable lieu de méditation et de ressourcement. On le verra dans la clé suivante : le fidèle s'y débarrasse de toutes ses impuretés avant de venir prier en toute humilité le Créateur.
- Une chausserie est en général attenante à la salle des ablutions. Dans ses casiers en bois, les fidèles déposent leurs chaussures avant de pénétrer l'espace sacré, la mosquée.

Un espace d'étude et de vie communautaire

La mosquée est avant tout le théâtre de la prière communautaire et le symbole de la ferveur collective. Elle est aussi l'espace où le savoir religieux se transmet à travers les écoles et les collèges qui lui sont attenants. Elle est enfin le champ d'expression d'actes sociaux importants : règlement des litiges, contrat de mariage, vie communautaire… Mais c'est surtout le lieu d'expression privilégié, tous les vendredis, aux quatre coins de la planète, du pouvoir religieux en islam.

Il existe aussi des lieux de culte plus modestes, qui sont de simples salles de prière disséminées essentiellement dans les pays où l'islam n'est pas majoritaire, mais où les musulmans peuvent exercer leur culte librement.

Rites et rituels

Lorsqu'il vous enveloppa de sommeil,
comme d'une sécurité venue de lui,
du ciel il fit descendre sur vous
de l'eau pour vous purifier,
pour écarter de vous la souillure du Démon,
pour fortifier vos cœurs
et pour affermir vos pas.
(Sourate 8, v. 11.)

Tout en renforçant l'adhésion du fidèle à l'islam, les rituels qui ponctuent le culte soulignent la spécificité des musulmans par rapports aux autres religions, et constituent des vecteurs d'identification : « Nous avons établi des rites pour chaque communauté afin que les hommes invoquent le nom de Dieu. (…) » (Sourate 22, extrait du v. 34.)

L'appel à la prière

Le culte musulman s'appuie particulièrement sur la prière (voir clé 26). Dans tous les pays d'islam, l'heure de la prière est publiquement annoncée. Le Prophète a préféré la voix humaine aux cloches ou aux moyens utilisés dans d'autres religions. L'appel à la prière (*adhân*) est fait par un *mouaddhin*, un mot qui a donné « muezzin ». Le premier d'entre eux fut l'Africain Bilal, un compagnon du Prophète. Et si, comme on l'a dit, la présence humaine a souvent été remplacée par un micro et un haut-parleur, les paroles rituelles de l'*adhân* n'ont pas changé :

« *Allahou Akbar* (deux fois ou quatre fois, selon les écoles juridiques) ;
J'atteste qu'il n'y a de Dieu que Dieu (deux fois) ;
J'atteste que Mahomet est le messager de Dieu (deux fois) ;
Venez à la prière (deux fois) ;
Venez au salut (deux fois) ;
Allahou Akbar (deux fois) ;

Il n'y a de Dieu que Dieu (une fois). »
À ces invocations, les chiites ajoutent :
« J'atteste que Mahomet est le messager de Dieu.
J'atteste qu'Ali est l'ami de Dieu (deux fois). »

Pureté rituelle et ablutions

Le croyant ne peut aller à la prière sans se purifier des souillures accumulées dans la journée. Les souillures dues aux fonctions et matières corporelles, selles, vomissements ou tout ce qui franchit les sphincters... sont appelées souillures mineures. En revanche, les règles chez les femmes, l'émission de sperme chez les hommes, voire les rêves érotiques sont considérés comme des souillures majeures.
L'ablution commence par la *niyya*, c'est-à-dire l'expression sincère d'une intention de procéder au rite.
Après avoir formulé le *Bismillah* (« Au nom de Dieu le Clément, le Miséricordieux »), le croyant se livre aux petites ablutions (*woudou*), en dix opérations : il passe ses mains et ses poignets sous l'eau, se lave trois fois la bouche, le nez, le visage, puis de nouveau les mains jusqu'aux coudes. Il fait couler de l'eau sur sa tête, lave ses oreilles et enfin achève ses petites ablutions en se lavant les pieds jusqu'aux chevilles.
Les souillures majeures appellent la grande ablution (*touhour* ou *ghosl*) qui exige de se laver tout le corps. Après avoir commencé par les organes sexuels, l'anus et le bassin, on procède comme pour la petite ablution et on complète, avant le lavage des pieds, par celui du corps en entier en commençant toujours par la partie droite.
Certes, le Coran précise : « Nous avons créé à partir de l'eau toute chose vivante », mais il arrive que l'eau, symbole de création, manque. Dans ce cas, on procède à l'ablution sèche, qui peut être réalisée avec de la neige, du sable ou le contact d'un rocher qui n'a jamais été touché par un outil.

Les rituels sacrificiels

Les musulmans commémorent volontiers le sacrifice d'Abraham qui, selon eux, devait immoler son fils Ismaël pour

obéir à Allah. Cette commémoration constitue sans doute le plus important des sacrifices rituels : elle consiste au moment de la grande fête (*'Aïd el-Kebir*), le 10 du mois du pèlerinage (voir clé 34) à immoler un mouton, une chèvre, un chameau ou même un taureau.
Mais pour rendre cette viande licite, il faut respecter des prescriptions rituelles : se tenir en direction de La Mecque, être en état de pureté, invoquer le nom d'Allah et trancher la gorge de l'animal avec dextérité sans pour autant séparer la tête du cou.

La circoncision

La circoncision, qui est le signe de l'entrée du jeune garçon dans le monde des adultes et des hommes, est toujours l'occasion de grandes fêtes familiales. Mais elle n'est pas à proprement parler un rite musulman puisque le Coran ne la mentionne pas.
De même que l'infibulation ou l'excision, coutumes africaines préislamiques, la circoncision date d'avant l'islam. Toutefois, elle est plus ou moins fortement recommandée par les quatre écoles juridiques orthodoxes de l'islam sunnite. En revanche, un hadith défend l'ablation du clitoris chez la femme.

Les fêtes de l'islam

Le 1er Muharram

Jour de l'an selon le calendrier lunaire hégirien. À titre d'exemple, voici quelques correspondances avec le calendrier grégorien : le 1er Muharram 1427 correspond au 31 janvier 2006 ; le 1er Muharram 1428, au 20 janvier 2007 ; le 1er Muharram 1429, au 10 janvier 2008 ; le 1er Muharram 1430, au 29 décembre 2008.

Mouloud ou Maouled al-Nabi (12 Rabi al-Awal)

Célébration de la naissance du Prophète, bien que la date exacte de cet événement soit inconnue. Fête des enfants par excellence, elle n'est pas reconnue par toutes les écoles religieuses.

Ramadan

C'est le mois du jeûne. Ce mois est béni entre tous, car c'est dans la nuit du 26e au 27e jour que le Coran a été révélé pour la première fois à Mahomet. Désormais appelée « nuit du Destin » ou « nuit du Décret » (*laylat al-Kadr*), elle est dite « meilleure que mille mois ».

Le jeûne durant ce neuvième mois de l'année lunaire est obligatoire pour tout musulman ayant atteint la puberté, sauf quelques exceptions précisées par le Coran. Chaque jour, le jeûne est rompu juste après le coucher du soleil, « quand on ne peut plus distinguer le fil blanc du fil noir ». Le jeûne du ramadan est l'un des cinq piliers de l'islam.

'Aïd el-Seghir (Petite Fête) ou 'Aïd el-Fitr (1er Shawal)

Cette fête marque la fin du jeûne du ramadan et comporte une prière spéciale à la mosquée entre l'aube et midi. À cette occasion, chaque croyant verse une aumône supplémentaire pour que les pauvres puissent participer aux copieux repas qui l'accompagnent. Traditionnellement, c'est aussi le jour où les fidèles se rendent sur la tombe de leurs proches.

'Aïd el-Kebir (Grande Fête) ou 'Aïd el-Adha (10 Dhu al-Hijja)

Sacrifice du mouton en commémoration du sacrifice d'Abraham. Nous l'appelons communément la « fête du mouton ». Ce jour-là, il est recommandé à tout musulman qui en a les moyens de sacrifier une bête mâle, en bonne santé et de belle apparence, selon un certain rituel. Celui qui l'a payée n'en garde qu'un tiers pour lui et distribue le reste aux proches et aux pauvres. La fête dure parfois trois jours et commence par une prière collective, à la mosquée si possible.

La 'Achourah

C'est la commémoration du sacrifice de Hussein, deuxième fils de Ali, le 10 Muharram 680, à Kerbala. Pour les chiites, c'est un jour de deuil, marqué de mortifications publiques.

Écoles et enseignement religieux

Ordonnez à vos enfants de faire la prière lorsqu'ils atteignent la septième année, et contraignez-les à la faire lorsqu'ils atteignent la dixième année.
Hadith

Écoles coraniques et *madrassa* (ou encore *medressa* ou *medersa*) sont avant tout les lieux de la transmission du savoir. Leur nom vient de la racine arabe *DRS,* qui signifie leçon ; elle a donné deux verbes : *darassa,* qui veut dire littéralement « étudier » et *darrassa*, « enseigner ».
Universités à l'origine, les *madrassa*, dès le XIe siècle, sont devenues d'importants centres de diffusion de l'orthodoxie sunnite.

Un enseignement fondé sur le Coran

L'outil premier de cette transmission est la lecture répétée du Livre saint, le Coran. Descendu sur le Prophète en langue arabe, dans une forme « inimitable », le Coran est tout naturellement le livre par lequel l'enfant qui s'éveille à la vie va pouvoir connaître le monde. La récitation du Coran est accompagnée de cours donnés par les professeurs sur d'autres matières que la science religieuse.
L'école coranique est aussi un lieu d'unification de la *Oumma*, la communauté, puisque la *madrassa* accueille aussi bien les gens des villes que les nombreuses personnes qui viennent de la campagne.

Des mosquées-universités

Quant aux études de théologie, elles se déroulent généralement dans des facultés d'État ou des mosquées-universités. Outre les sciences coraniques, on peut y étudier l'exégèse, le hadith, le droit musulman et bien sûr la littérature, l'histoire des religions, l'art de la prédication… Les plus anciennes d'entre elles sont la Qaraouine de Fès, fondée en 859, Al-Azhar au Caire (en 972) et la Zitouna de Tunis (en 1283). Les principaux lieux d'enseignement chiites sont à Qom et à Machhad, en Iran, et à Najaf en Irak.

Le jihad, sixième pilier ?

La racine *JHD*, qui est à l'origine du mot *jihad*, veut littéralement dire « effort ». Si l'on se replace dans le contexte historique de l'Arabie du temps de Mahomet, cette notion marque sans aucun doute une double rupture : en premier lieu, on ne parle plus de *ghazou* (razzia) mais de *jihad*, qui comme le dit Louis Gardet, un grand spécialiste de l'islam, apparaît alors comme « l'effort pour promouvoir sur toute la terre les droits de Dieu » ; en deuxième lieu, l'islam ayant transcendé les clans et les tribus, il a entraîné la rupture de la solidarité tribale. En ce sens, le *jihad* permet de reconstituer l'union de la *Oumma*, de la communauté musulmane.

Un concept chargé d'hostilité

« Combattez dans le chemin de Dieu ceux qui luttent contre vous. (...) S'ils vous combattent, tuez-les. » (Sourate 2, extrait des v. 190-191.)

En aucun cas pourtant, le *jihad* n'est considéré comme un bien. La tradition musulmane ne le légitime que lorsqu'il est utilisé pour atteindre un bien. Elle distingue le grand *jihad*, qui est l'effort mené par l'homme pour se purifier et se rapprocher de Dieu, du petit *jihad*, qui implique la guerre que doivent mener les musulmans pour se défendre ou encore pour pouvoir exercer librement leur culte.

La majorité des musulmans ne considèrent pas le *jihad* comme le sixième pilier de l'islam. Mais les extrémistes de l'islam qui occupent l'actualité, comme Ben Laden et bien d'autres, instrumentalisent volontiers l'islam et le *jihad* pour mobiliser les foules et prendre le pouvoir. Depuis l'ère coloniale, et suite à la victimisation des populations musulmanes dans le monde, dont les islamistes attribuent la responsabilité aux puissances occidentales, la notion de guerre sainte a repris une vive actualité. Les événements du 11 septembre dernier nous l'ont tragiquement rappelé.

14 clés pour vivre ensemble

Le monde musulman

Le poids de l'ère coloniale

En mai 1916, en pleine Première Guerre mondiale, les deux grandes puissances de l'époque, la France et la Grande-Bretagne, concluent un accord qui sera tenu secret jusqu'à la fin du conflit : l'accord Sykes-Picot, du nom des ministres des Affaires étrangères de Londres et de Paris. Cet accord organise le démembrement de l'Empire ottoman allié des forces de l'Axe (Allemagne et Autriche-Hongrie) et plus particulièrement celui des provinces arabes de cet empire. Chacune des puissances de l'Entente s'en attribue un morceau.

La « dernière colonie » britannique...

« Mon ambition est que les Arabes soient notre premier dominion – et non notre dernière colonie – à peau bronzée. Les Arabes réagissent contre vous si vous essayez de les mener, et ils sont aussi tenaces que les Juifs, mais on peut les conduire partout sans user de force si c'est théoriquement bras dessus bras dessous. »

Extrait d'une lettre de l'ambassadeur de Grande-Bretagne, Mark Sykes, à lord Curzon, secrétaire d'État aux Affaires étrangères, successeur de lord Balfour, cité par Alain Gresh et Dominique Vidal dans *Les 100 portes du Proche-Orient*, 1996, éd. de l'Atelier.

Le double jeu britannique

À la Grande-Bretagne revient l'Égypte qui, depuis le creusement du canal de Suez, inauguré en 1869, est devenue un jalon indispensable pour assurer la sécurité de la route des Indes ; Aden et le Yémen, sur l'autre rive de la mer Rouge ; l'Irak pour ses ressources pétrolières ainsi que toute la rive arabe du golfe Persique. La France hérite, selon les termes de l'accord, du Liban et de la Syrie.

À cette occasion, la Grande-Bretagne va mériter son appellation de « Perfide Albion » : en dépit de l'accord Sykes-Picot, Londres promet à la même époque au chérif de La Mecque, le souverain hachémite Hussein et à ses trois fils Ali, Abdallah et Fayçal, un « grand royaume arabe » qui s'étendrait du Nil à l'Euphrate et du Golfe à Damas, c'est-à-dire constitué de tous les territoires arabes de l'Empire ottoman. Cette promesse, entretenue par Lawrence d'Arabie, va permettre aux Britanniques de mobiliser toutes les tribus et les populations du Proche et du Moyen-Orient contre les forces de l'Axe. Dans le même temps, Londres promet à la communauté juive, victime de pogroms en Russie et en Europe, « l'établissement d'un État juif en Palestine », qui répond aux vœux pressants d'un mouvement de plus en plus important au sein des communautés juives, notamment européennes : la Fédération sioniste, qui revendique « le retour à Sion ».

Un découpage artificiel aux conséquences tragiques

À la conférence de San Remo, en avril 1920, les Britanniques et les Français s'entendent sur l'attribution et le partage de mandats sur les pays arabes ex-ottomans. Quatre mois plus tard, le 10 août 1920, le traité de Sèvres confirme le démembrement de l'Empire ottoman ; ses dispositions respectent, dans leurs grandes lignes du moins, l'accord Sykes-Picot.

Dans ce découpage, la Palestine est la seule unité géographique à ne pas avoir le statut d'État, eu égard à la fois au développement du sionisme et à la présence des Lieux saints sur son territoire.

L'imbroglio qui résulte des accords secrets passés entre les puissances, du double jeu britannique et du démembrement de l'Empire ottoman va entraîner des conséquences qui pèsent lourd aujourd'hui encore sur les populations locales.

- Pour la première fois de leur histoire, ces populations vont acquérir le statut de ressortissants d'États-nations, mais aussi et surtout des frontières. En effet, de l'Empire romain à celui de Byzance, de l'Empire perse aux conquêtes musulmanes, des Abbassides aux Ottomans, les grands ensembles territoriaux s'étaient toujours substitués jusque-là aux pays et aux États.
- Ces populations vont se sentir frustrées et humiliées par le double jeu britannique et surtout par la promesse vaine d'un

vaste royaume arabe. Pour beaucoup d'entre elles, cet espoir avait sans doute ravivé le souvenir des premières conquêtes de l'islam sous la bannière des Omeyyades, des conquêtes alors exclusivement arabes.

• En Palestine, le développement du sionisme va entraîner la réaction de la population palestinienne : le terrorisme s'installe, dans un premier temps aux dépens des Britanniques, puis entre les deux communautés.

Ignorant les réalités ethniques, les diversités religieuses et la complexité politique de la région, les puissances occidentales ont ainsi procédé à un découpage totalement artificiel qui porte en lui les germes des crises à venir et dont la moindre n'est pas l'opposition entre le panarabisme et le panislamisme (voir clé 38).

La Déclaration Balfour, le 2 novembre 1917

« Le gouvernement de Sa Majesté envisage favorablement l'établissement en Palestine d'un Foyer national pour le peuple juif et fera de son mieux pour faciliter la réalisation de cet objectif, étant entendu que rien ne sera fait qui puisse porter préjudice aux droits civils et religieux des communautés non juives existant en Palestine ou aux droits et au statut politique des juifs en tout autre pays. »

Rendue publique en octobre 1918, cette déclaration de lord Balfour, ministre britannique des Affaires étrangères, reçut l'approbation de la France, de l'Italie et des États-Unis.

La Oumma, communauté ou nation ?

La racine du mot *oumma* évoque *oum*, la mère : celle qui donne la vie, celle qui nourrit mais aussi celle qui donne une origine commune. La *Oumma* est pour le musulman la contraction de *Oummat al-Nabi*, « la communauté (la nation ?) du Prophète », une expression qui reflète en tout cas le sentiment profond d'appartenance à un même peuple non par les liens du sang ou de la géographie, mais par l'enracinement d'une foi commune.
La *Oumma* est aussi la nation, non plus au sens strictement et exclusivement communautaire mais au sens de « nation-État », à l'occidentale.

Le modèle démocratique occidental

En effet, dès le lendemain de la conférence de Versailles et du traité de Sèvres (voir clé 37), les élites de ces États nouvellement et artificiellement créés voulaient voir dans les pays occidentaux des modèles à imiter et initier chez eux de vraies démocraties, par lesquelles ces pays deviendraient des nations où coexisteraient à la fois une pluralité ethnique et une diversité religieuse.
La France en particulier charriait les idées de la Révolution française, celles des philosophes et du Siècle des lumières, et surtout celles de la laïcité et de la séparation de l'Église et de l'État. Tous les courants d'idées et d'opinions dans l'entre-deux-guerres vont s'articuler autour de ces notions. L'Occident incarné alors par le Vieux Continent est bien plus un modèle qu'un objet de rejet.
Ces idées nouvelles donnent naissance à des partis politiques séculiers sinon laïques : communiste, PPS (pan-syrianiste), Baath, nassériens, etc., qui vont eux-mêmes mener – au nom des idées prônées par l'Europe ! – la bataille des indépendances.

Nation arabe ou nation islamique ?

Le monde arabe est alors divisé en deux : d'un côté ces pays dits progressistes, regroupés autour de l'Égyptien Nasser, et qui défendent l'idée d'une nation arabe (*Oumma 'arabiyya*) citoyenne, sans connotation religieuse, nonobstant l'attachement à une tradition musulmane ; de l'autre, ceux qui font de l'islam leur unique référence identitaire, prônant la *Oumma islâmiyya*, ignorant les frontières, et regroupés autour de l'Arabie saoudite, un pays encore plus « jeune » que les autres (institué en 1932) qui s'appuie sur le hanbalisme et le wahhabisme, où le Coran tient lieu de Constitution (voir clés 21 et 45). L'affrontement fut rude et souvent militaire, comme au Yémen, dont le sud était soutenu par l'Égypte et le nord par l'Arabie saoudite. Mais en dépit de l'émergence de courants d'idées et d'opinions laïcisants, pour ne pas choquer une population dont le repère principal demeurait la religion, les Constitutions de la plupart des États de la région ont fait de l'islam la religion de l'État ou tout au moins celle du chef de l'État. Même des pays dits progressistes ou révolutionnaires n'ont pas réussi à échapper à la règle.

Au fil des ans, la *Oumma 'arabiyya* (la nation arabe) s'est opposée à la *Oumma islâmiyya*, notamment après le temps des indépendances, dans les années cinquante. La *Oumma islâmiyya* regroupée autour de l'Arabie saoudite a gagné du terrain, grâce à des arguments sonnants et trébuchants, mais aussi – mais surtout – grâce à l'appui des pays occidentaux.

Les erreurs de l'Occident

Au lendemain de la Seconde Guerre mondiale, la France et la Grande-Bretagne sortent essoufflées du conflit. Néanmoins, leurs politiques coloniales respectives sont toujours en pleine expansion : Indochine, Palestine, Chypre, Afrique du Nord…

L'émergence des intérêts américains

En 1952 en Égypte, des « officiers libres » contraignent le roi Farouk à abdiquer. Cette révolution pose de sérieux problèmes aux Britanniques, jusque-là maîtres du pays et surtout du canal de Suez. La figure charismatique du colonel Nasser, devenu président de la jeune République, et ses velléités d'indépendance déplaisent fort à Londres. En 1956, il nationalise la Compagnie universelle du canal de Suez, société privée où dominent les intérêts français et britanniques. Saisissant l'occasion, la Grande-Bretagne entraîne la France et les Israéliens dans une expédition tripartite qui se solde par une fulgurante victoire militaire et une écrasante défaite politique. En effet, sous la double pression des États-Unis et de l'Union soviétique, Londres et Paris doivent retirer leurs troupes et, dans le même temps, passer le relais de « grande puissance mondiale » à Washington et à Moscou.

Nasser, chantre progressiste du panarabisme

Nasser avait cru trouver un allié auprès des États-Unis. Il leur avait même demandé une aide financière pour assurer la construction du barrage d'Assouan. Devant le refus des Américains, qui s'inquiètent de la popularité grandissante de ce dirigeant qui commence à rassembler autour de lui les populations arabes et pas seulement égyptiennes, Nasser va se jeter dans les bras des Soviétiques. Prêchant une unité du monde arabe fondée sur le socialisme, il nationalise à tour de bras. Nasser cherche à construire un État. Dès le début, il mettra les Frères musulmans en prison et ira même en 1965 jusqu'à faire pendre leurs dirigeants et leurs idéologues.

La manne pétrolière saoudienne

Les États-Unis ont préféré au chantre de la *Oumma 'arabiyya* ceux de la *Oumma islâmiyya*, représentés par l'Arabie saoudite et ses fabuleuses réserves de pétrole brut. C'est, aux yeux des Américains, un argument imparable. De plus, l'Arabie saoudite est un pays à construire, qui a les moyens de payer ses projets d'industrialisation. Ce qui n'est pas pour déplaire aux pays occidentaux dont les usines tournent, à cette époque, à plein rendement !

On peut voir à ce choix une deuxième raison, idéologique cette fois : pour les États-Unis, l'islam constitue un des meilleurs remparts face au communisme. Avec l'aide de la puissance américaine, la *Oumma islâmiyya* va remporter des succès répétés d'autant que la disparition de la figure emblématique de Nasser, en 1970, va fragiliser les régimes « progressistes ». Pour résister à leurs oppositions de gauche, ils n'hésiteront pas à s'allier avec les islamistes, allant même jusqu'à leur faire des concessions sur les plans juridique et législatif. Un argument de poids pesait en ce sens : la manne pétrolière saoudienne, devenue une véritable « arme diplomatique ».

À cette époque déjà, l'alliance de l'Arabie saoudite avec les États-Unis – et derrière eux les pays de l'Europe de l'Ouest – était ressentie comme l'alliance des riches contre les pauvres. Les monarchies pétrolières (10 % de la population arabo-musulmane) ne possédaient-elles pas 90 % des richesses de cette région ? Le même schéma que renvoyaient les pays industrialisés au reste de la planète…

Avec l'appui occidental et l'utilisation habile de ses richesses, mais aussi avec les échecs de l'expérience laïque de l'arabisme, l'Arabie saoudite va remporter au sein de l'espace arabo-islamique des victoires répétées.

Les musulmans dans le monde aujourd'hui

Les musulmans sont plus d'un milliard dans le monde, soit près d'un cinquième de l'humanité.

• **La moitié des musulmans du monde vit dans seulement quatre pays** : Indonésie, Pakistan, Bangladesh et Inde, des pays asiatiques de surcroît, alors qu'on associe naturellement l'islam au monde arabe et au Moyen-Orient. La diffusion de l'islam est avant tout asiatique, les Arabes étant numériquement minoritaires parmi les musulmans.

• **Les Arabes ne représentent qu'un sixième des musulmans dans le monde**. Ce qui n'empêche pas une primauté du monde arabe due à la langue du Coran, l'arabe, et à la présence des Lieux saints de l'islam dans le Moyen-Orient.

• **L'islam s'étend sur des territoires continus et homogènes** où il est majoritaire : il est dominant dans près de trente-six pays et c'est dans cette zone que vivent plus de 75 % des musulmans du monde. La conséquence partielle d'un tel constat, c'est que l'islam est ultra minoritaire dans les Amériques et en Europe, où il ne représente que 3 % de la population, même s'il existe, en raison d'un passé colonial, une concentration en France et en Allemagne. En Afrique, l'islam n'est fortement présent que dans le nord, avec une expansion sensible pourtant au cours des quarante dernières années.

• **L'islam marque de son empreinte les sociétés où il est dominant** : il touche à tous les moments de la vie personnelle et sociale, et les régimes politiques y font toujours référence. C'est ce qui explique sans doute que s'il est très facile d'entrer dans l'islam, il est en revanche beaucoup plus malaisé d'en sortir ; selon le Coran, celui qui quitte « la soumission à Dieu » mérite la mort.

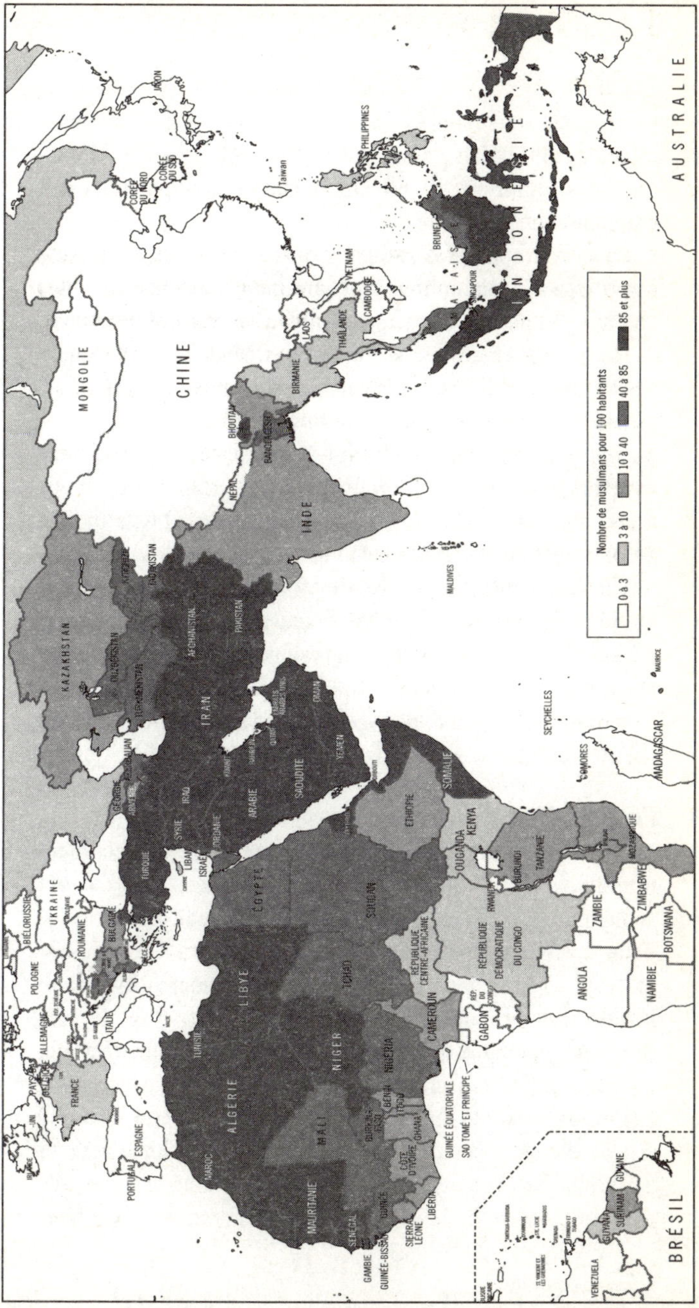
Nombre de musulmans pour 100 habitants
0 à 3
3 à 10
10 à 40
40 à 85
85 et plus
CHINE
MONGOLIE
JAPON
CORÉE DU NORD
CORÉE DU SUD
Taiwan
PHILIPPINES
VIETNAM
CAMBODGE
THAÏLANDE
LAOS
BIRMANIE
BHOUTAN
BANGLADESH
NÉPAL
INDE
MALDIVES
BRUNEI
SINGAPOUR
INDONÉSIE
AUSTRALIE
KAZAKHSTAN
OUZBÉKISTAN
TURKMÉNISTAN
KIRGHIZIE
TADJIKISTAN
AFGHANISTAN
PAKISTAN
IRAN
IRAK
SYRIE
TURQUIE
LIBAN
ISRAËL
JORDANIE
KOWEÏT
ARABIE SAOUDITE
YÉMEN
OMAN
ÉMIRATS ARABES UNIS
QATAR
GÉORGIE
ARMÉNIE
AZERBAÏDJAN
DJIBOUTI
SOMALIE
ÉTHIOPIE
KENYA
OUGANDA
RWANDA
BURUNDI
TANZANIE
MOZAMBIQUE
ZAMBIE
ZIMBABWE
BOTSWANA
NAMIBIE
ANGOLA
MADAGASCAR
COMORES
SEYCHELLES
MAURICE
ÉGYPTE
SOUDAN
LIBYE
TCHAD
RÉPUBLIQUE CENTRE-AFRICAINE
RÉPUBLIQUE DÉMOCRATIQUE DU CONGO
RÉP. DU CONGO
GABON
CAMEROUN
NIGERIA
NIGER
BÉNIN
TOGO
GHANA
CÔTE D'IVOIRE
BURKINA FASO
MALI
ALGÉRIE
TUNISIE
MAROC
MAURITANIE
SÉNÉGAL
GAMBIE
GUINÉE-BISSAU
GUINÉE
SIERRA LEONE
LIBÉRIA
GUINÉE ÉQUATORIALE
SAO TOMÉ ET PRINCIPE
UKRAINE
BIÉLORUSSIE
POLOGNE
ALLEMAGNE
ROUMANIE
BULGARIE
GRÈCE
ITALIE
FRANCE
ESPAGNE
PORTUGAL
IRLANDE
PAYS-BAS
BELGIQUE
BRÉSIL
VENEZUELA
GUYANA
SURINAM
GUYANE

Le phénomène islamiste

Un vocable purement français, « l'islamisme », désigne généralement l'intégrisme musulman, que les Anglo-Saxons appellent plus volontiers « fondamentalisme ». L'islamisme est-il un phénomène nouveau ?
Comme la plupart des religions, judaïsme et christianisme compris, l'islam a connu, tout au long de son histoire, des courants de pensée ultra conservateurs et souvent activistes. Depuis sa naissance, il s'est trouvé régulièrement des penseurs ou des docteurs de la loi, des oulémas, pour répondre aux changements de la société par un conservatisme absolu, et donner du monde et de l'homme une vision extrêmement réductrice, à travers une interprétation littérale des textes sacrés.
Dans l'histoire mouvementée de l'islam, les assassinats au nom de Dieu et de la religion se sont succédé. Rappelons-nous, au Moyen Âge, les *Hashashine* (les « Assassins »), ces commandos suicides envoyés en mission après avoir été drogués au « hashish » (d'où leur nom), qui tuaient les ennemis du sultan et du grand vizir, persuadés qu'ils gagnaient par leur geste leur place au paradis ; ils avaient institutionnalisé les assassinats politiques…

Pour un État théocratique

Au début du XXe siècle, après la Grande Guerre, ces courants intégristes vont se structurer pour la première fois. Ils vont acquérir une méthode et se donner les moyens d'un prosélytisme dynamique, parfois violent et agressif, grâce à une organisation, une hiérarchie et surtout une pensée politique, dont le but est de prendre le pouvoir.
Nul besoin pour eux de « programme politique » tel qu'on l'entend généralement, puisque le leur ne peut être que conforme aux enseignements du Coran ; nul besoin de discours, le seul acceptable étant la parole de Dieu. Car pour tous les islamistes de la planète, l'objectif est le même : réislamiser la société par l'application de la *chari'a* – la loi islamique – et retour-

ner aux sources de l'islam : le Coran et la Sunna, les propos et les comportements du Prophète, tels qu'ils ont été rapportés par ses compagnons.

Quand le religieux annexe le politique

Les divergences surgissent sur les moyens d'y parvenir. Certains mouvements veulent opérer par la base et privilégient l'islamisation de la société à travers l'action sociale, culturelle, éducative et parfois syndicale. Quand le « musulman de base » sera devenu un pratiquant vertueux, l'État lui-même le deviendra par la force des choses.

D'autres veulent commencer par transformer l'État lui-même en le « réislamisant » par le haut. Ceux-là chercheront donc à s'intégrer dans l'appareil politique national, à faire partie des institutions du régime ; ils formeront des partis politiques. Entre les deux se situent les élites réformistes, qui gravitent déjà dans les sphères gouvernementales issues des indépendances. Pour eux, une réforme de l'ordre établi par une islamisation douce de la société nationale permettrait à la fois de contenir l'opposition religieuse et, dans le même temps, d'enrayer toute opposition de gauche.

Agir de l'intérieur ou par la lutte armée ?

Les courants qui estiment qu'on peut réislamiser la société et l'État en agissant à l'intérieur du système s'appuient sur les oulémas, les docteurs de la loi islamique, généralement issus de certains pôles intellectuels de la pensée musulmane comme l'université d'Al-Azhar au Caire.

D'autres islamistes, ceux qui défraient régulièrement la chronique, estiment que les sociétés musulmanes d'aujourd'hui sont rejetées dans la *jahiliyya*, l'ignorance et le chaos dans lesquels était plongé le monde avant l'islam. Ils s'inspirent largement d'un penseur islamique du XIVe siècle, de l'école hanbalite, le Syrien Ibn Taymiyya (voir clé 21).

Pour Ibn Taymiyya, « la foi présuppose la soumission aux prescriptions de l'islam : crainte de Dieu, abandon à Dieu, humilité et support patient des épreuves. Le grand jihad, cet effort permanent, sera de lutter contre ses défauts personnels ; le petit jihad, lui, consistera à la lutte armée contre les ennemis de l'islam. » S'agit-il des juifs et des chrétiens ? Pas nécessairement. Toujours selon Ibn Taymiyya, « le maintien des communautés des gens du Livre en terre d'islam est une survivance du passé et elles en viendront à disparaître d'elles-mêmes par réductions ou par exclusions. »

Un seul souverain : Dieu

S'appuyant sur ces idées, deux penseurs contemporains, le Pakistanais Al-Mawdoudi, né en Inde avant l'indépendance, et l'Égyptien Sayyed al-Kotb vont plus loin.
Une des idées novatrices d'Al-Mawdoudi est le concept de souveraineté. Il s'interroge : qui détient la souveraineté (*hakimiyya*) ? Partant du postulat que cette *hakimiyya* ne peut être que divine, il aboutit à la conclusion que les dirigeants actuels des pays musulmans ont usurpé la souveraineté absolue de Dieu. Lieutenants de Dieu, ils ne sont sur terre que pour veiller à l'application de la *chari'a*, la loi divine, la loi islamique. *Exit* donc la souveraineté populaire et la démocratie.
Al-Mawdoudi a eu la « chance » de voir en 1977, deux ans avant sa mort, le général-moine Zia ul-Haq accéder au pouvoir au Pakistan et d'assister à la réislamisation de la société par l'adoption de la *chari'a*, la loi islamique.
Al-Kotb n'eut pas cette chance : ayant approfondi en Égypte la pensée d'Al-Mawdoudi, il fut un des doctrinaires de la confrérie des Frères musulmans (voir clé 42) puis surtout des groupuscules islamistes activistes qui invoquaient son héritage pour légitimer leur violence contre les pouvoirs établis. Accusé d'être l'instigateur d'un complot contre Nasser et son régime, il fut pendu en prison en 1965.
Système global de vie, l'islam devient pour lui non seulement religion, mais aussi État. Kotb, se référant au Prophète, fait du pouvoir temporel un des vecteurs essentiels de la pensée islamique. En l'absence de souveraineté divine (*hakimiyya)*, c'est l'état d'ignorance (la *jahiliyya*) qui règne sur terre. Ne sont pas visées seulement les sociétés occidentales, qu'elles soient

communistes, juives ou chrétiennes, mais aussi les communautés musulmanes qui subissent et acceptent une autre souveraineté que celle de Dieu.

Un islam militant et identitaire

Le phénomène islamiste va s'attaquer rapidement aux populations plus ou moins défavorisées des sociétés musulmanes. Et cela pour deux raisons : elles sont les premières victimes des échecs économiques des régimes en place ; elles sont aussi les victimes du fossé qui se creuse entre leurs pays et les États occidentaux.

Au début du siècle dernier, les islamistes étaient tous des érudits, ou tout au moins des *moujtahidine*, des personnes qui avaient consacré leur temps à l'étude et à l'interprétation des Écritures. Ils recrutaient naturellement parmi l'élite intellectuelle de la population. Ce n'est plus le cas aujourd'hui. Les islamistes de base ont une culture religieuse sommaire. Ils s'en remettent à un maître, à l'imam qui, lui, est censé avoir cette connaissance profonde.

Des courants de pensée très divers

Les Frères musulmans : l'islam pour un peuple élu

Les Frères musulmans, nés en Égypte en 1928 sous l'impulsion de Hassan al-Banna, ont essaimé dans tout le Proche-Orient. Depuis les années 1960, sous la pression du régime de Nasser en Égypte, ils se sont réfugiés en Europe où ils ont repris, essentiellement à partir de Genève, leurs activités. Une des formules énoncées par le fondateur Hassan al-Banna résume et explicite la stratégie des Frères musulmans : « L'islam est dogme et culte, patrie et nationalité, religion et État, spiritualité et action, Coran et sabre. »

La conceptualisation de l'islamisme comme doctrine politique sera le fait de Sayyed al-Kotb, le doctrinaire des Frères musulmans. Le monde entier, écrit-il en 1954 dans un livre intitulé *Signes de piste*, est retombé dans la période de l'ignorance (*jahiliyya*, terme par lequel on désigne l'ère préislamique). Matérialisme, collectivisme, capitalisme ont entraîné la dégradation de l'homme en tant qu'homme. Seuls les musulmans ont la chance d'avoir reçu le message que le reste de l'humanité ignore : le Coran. Pour vivre concrètement ce message, la « résurrection islamique » est nécessaire.

Le Tabligh : les missionnaires de l'islam

À la même époque, dans l'Inde britannique, était créé le Tabligh ou *Jama'at al-tabligh* : la « Société pour la propagation de l'islam », un courant piétiste fondé en 1927 par Mouhammad Ilyas, un érudit musulman.

Le Tabligh est aujourd'hui présent dans une centaine de pays où vivent des musulmans. Son postulat est simple : rendre l'islam facile à comprendre et surtout à pratiquer, un islam accessible aux plus petits et aux esprits les plus simples. De ce postulat découlent des idées et des principes – simples –

dont le premier est d'imiter, en tout lieu et en toute occasion, le prophète Mahomet.

Six principes de base doivent guider, orienter, encadrer la vie de tout musulman : la profession de foi, la prière, la connaissance de Dieu, l'intention sincère, le respect du musulman et le temps ménagé pour porter la bonne parole.

Le respect scrupuleux des rythmes de la vie quotidienne islamique, le port de la barbe et de la *jellabah*, cette longue robe claire, qui fait ressembler les adeptes au Prophète jusque dans leur aspect extérieur, sont le moyen indispensable au ressourcement et leur permettent de rejoindre la *Oumma*.

Le caractère « missionnaire » du Tabligh et ses mots d'ordre simples expliquent son succès aux quatre coins de la planète. C'est certainement le courant le plus cosmopolite par son recrutement. Il est implanté aussi bien à Riyad en Arabie saoudite, au Maroc, dans les pays de l'océan Indien, qu'au Canada et en Australie, et bien entendu en France et en Europe.

Le Tabligh n'est certes pas un courant violent, mais il est prosélyte et radicalement anti-intégrationniste. Il s'empare de la vie quotidienne du croyant ou du nouvel adepte et s'érige en censeur de la communauté.

Le courant turc

Il faut également signaler le courant turc, dit aussi califal ou ottomaniste (en référence à l'Empire ottoman), très présent en Allemagne, en raison de la présence d'une importante diaspora turque, mais aussi en France depuis les années 1990. Ce courant a une spécificité : il est quasi exclusivement turc et, contrairement aux autres, ne cherche pas l'universalisme. Naturellement, il est présent dans les provinces non arabes de l'ancien Empire ottoman : les pays balkaniques, ceux d'Europe centrale mais aussi dans les pays d'Asie centrale turcophones.

Y a-t-il des extrémistes chiites ?

À l'instar de ces courants islamistes, tous sunnites, y a-t-il des extrémistes chiites ?

Rappelons que dans le chiisme, contrairement au sunnisme, l'*ijtihad* (l'effort d'interprétation) ne s'est jamais arrêté (voir clé 21).

Les six principes du Tabligh

1. **La profession de foi** entraîne naturellement l'abandon du musulman à Dieu, signification littérale du mot *islam*. En dehors de la volonté divine, rien ne peut se passer dans la vie du croyant et dans ce monde. Il faut donc savoir se faire écouter de Dieu et pour cela le prier.
2. **Le musulman doit réciter ses prières cinq fois par jour**. Toute prière doit être collective parce qu'en dehors de la *Oumma*, du groupe, il n'y a pas de salut. Cette sacralisation du groupe est le fil conducteur de la pensée d'Ilyas, le fondateur.
3. **Pour prier Dieu, il faut le connaître**, en se remémorant à tout instant son nom, ses qualités et sa grandeur. C'est ce que le Tabligh appelle le *dhikr*, littéralement « souvenir » ou « mémoire ». Le croyant devra donc répéter trois prières en arabe, la langue du Coran, tous les matins et tous les soirs. En connaissant Allah, on apprend à l'aimer. Ce principe contraignant permet l'islamisation de la vie quotidienne.
4. **« L'intention sincère »** est destinée à vérifier l'authenticité de la foi du croyant et, *a contrario*, à mettre en exergue l'hypocrisie des pharisiens, des oulémas et des autres clercs de l'islam. La sincérité de l'intention permettra également une meilleure cohésion du groupe puisque nulle suspicion ne planera sur la foi et la dévotion de chacun.
5. **« Honorer le musulman »,** le cinquième principe, a pour objet de renforcer la solidarité de la communauté et revêt toute son importance dans les pays du monde où la majorité des musulmans, de couche sociale modeste, se sentent souvent marginalisés. Grâce au Tabligh, le musulman a la conviction qu'il appartient à une communauté soudée et solidaire. Quelle formidable valorisation ! Face aux riches, aux lettrés, aux puissants de ce monde, il lui est demandé d'être un *bon* musulman pour être leur égal.
6. **« Dégager du temps »** pour porter la bonne parole, pour aller au devant des futurs adeptes... Obéissant à ce sixième principe, les Tablighis vont par groupe de dix partout dans le monde, pour constituer « une école mobile et un phare de bon exemple ».

L'ayatollah Khomeiny est arrivé au pouvoir en 1979 en Iran alors que triomphait la théorie du *Velayat e Faqih* (littéralement, « l'autorité du juriste », ou jurisconsulte). Ce qui signifie que le Guide a également le pouvoir de légiférer. C'est pourquoi les avis de Khomeiny, guide de la Révolution iranienne, prévalaient sur les lois votées par le Parlement élu au suffrage universel. D'où l'opposition entre la Révolution et l'État iranien.

Les mouvements comme les Pasdaran (« Soldats de la Révolution ») ou le Hezbollah (« le parti de Dieu ») sont des émanations de la Révolution et n'obéissent donc pas au gouvernement iranien. Cette ambiguïté est bien illustrée en Iran par exemple, où le président Khâtami s'oppose au guide de la Révolution, l'ayatollah Khamenei, une opposition compréhensible à la lumière de l'*ijtihad*, l'un prônant la théorie du jurisconsulte pour continuer à légiférer et l'autre s'y opposant au nom de l'État iranien.

Qui peut parler au nom de l'islam ?

Nul ne peut parler au nom de l'islam.
En principe, le calife pouvait prétendre s'exprimer au nom de la communauté des croyants ; après tout, son titre n'est-il pas « Commandeur des croyants » ? Ce n'est pourtant pas si simple… L'histoire du califat a été agitée et à certaines époques, plusieurs dynasties ont revendiqué en même temps le califat : au temps des califes abbassides de Bagdad, un calife rival et chiite fut proclamé au Caire (dynastie fatimide), ce qui entraîna la proclamation d'un calife omeyyade sunnite en Andalousie…
Les sultans turcs ottomans, investis par les sunnites du titre de calife – ils étaient à la tête du plus puissant empire musulman de leur époque, et donc garants de l'orthodoxie de l'islam – s'étaient bien plus occupés des choses de la vie et de l'empire que de la vie spirituelle de leurs sujets : ils laissaient ce point aux docteurs de la loi, les oulémas, qui pensaient détenir par ce biais une parcelle du pouvoir.
Depuis l'abolition du califat en 1924, après l'éclatement de l'Empire ottoman et la construction par Mustapha Kemal Atatürk d'un État turc laïc, nul ne peut plus prétendre parler au nom de l'islam ou des musulmans.

La tentation de la représentation

Et pourtant certains ne s'en privent pas… Outre l'ayatollah Khomeiny qui prétendait transcender les clivages entre les chiites et les sunnites, il se trouve régulièrement de par le monde un bon nombre d'imams pour prétendre représenter l'islam et les musulmans.
Certes, tous les dignitaires religieux en islam, aussi bien dans le sunnisme que dans le chiisme, qu'ils soient muftis, oulémas, cadis, ayatollahs… disposent auprès de la communauté d'une autorité morale certaine qui leur donne la possibilité

de s'exprimer et de mobiliser les croyants. Mais dans le même temps, et en l'absence de tout clergé hiérarchisé, il ne faut pas oublier que tout musulman intègre a aussi le droit de parler au nom de l'islam.

C'est d'ailleurs le problème qui se pose avec la Coordination des musulmans en France pour l'organisation du culte. Organisme de consultation mis en place par le ministère de l'Intérieur et du Culte, elle englobe tous les acteurs de confession musulmane dans l'Hexagone, y compris des islamistes. Ces derniers tentent de saisir l'occasion pour se faire passer pour les représentants de l'islam en France, ce qui est une imposture : comme les représentants des autres sensibilités musulmanes, ils sont là pour être consultés – et exclusivement pour cette raison – et ce uniquement sur des questions concernant l'organisation du culte musulman sur le territoire français.

Être femme en islam

Le statut de la femme en islam est sans doute l'un des critères les plus importants de l'adaptation de l'islam contemporain à la modernité.
Si certaines prises de position se réfèrent sans ambiguïté au Coran ou à la Sunna, d'autres se fondent sur une interprétation floue de certains versets du Coran.

Misogyne ou féministe ?

L'islam est-il misogyne ou a-t-il été plutôt féministe ? Les deux, serions-nous tentés de répondre.
En effet, si l'on se réfère à l'époque du Prophète, il est certain que l'islam a constitué une réelle avancée pour les femmes. Elles qui n'avaient droit à aucun héritage – le patrimoine devait rester au sein de la tribu – pouvaient désormais hériter d'une part équivalant à la moitié de celle de l'homme : « Quant à vos enfants, Dieu vous ordonne d'attribuer au garçon une part égale à celle de deux filles. Si les filles sont plus de deux, les deux tiers de l'héritage leur reviendront ; s'il n'y en a qu'une, la moitié lui appartiendra. » (Sourate 4, v. 11.)
À l'époque préislamique, la société admettait aussi qu'on enterre vivants les bébés filles. L'honneur du clan relevait en effet de la seule descendance masculine.
Quant à la polygamie limitée permise dans le Coran, elle succède à des coutumes où la femme pouvait avoir plusieurs maris qui la visitaient à tour de rôle en dehors de tout cadre légal. Ce n'était ni plus ni moins qu'une prostitution déguisée. L'islam est venu codifier toute union entre un homme et une femme.

Polygame et équitable ?

Mais dans le même temps, le discours islamique reste inégalitaire pour la femme : c'est le Coran qui affirme que « les hommes ont cependant une prééminence sur elles » (sourate 2, v. 228) parce que c'est « un être qui grandit parmi les colifichets et qui discute sans raison… » (sourate 43, v. 18).

L'islam est-il féministe ou misogyne lorsqu'il est écrit dans le Coran : « Épousez, comme il vous plaira, deux, trois ou quatre femmes. » Mais ce même verset 3 de la sourate 4 (intitulée *Les Femmes*) ajoute : « Mais si vous craignez de n'être pas équitables, prenez une seule femme. » Dans la même sourate, au verset 129, Dieu lui-même admet qu'une telle équité est impossible : « Vous ne pouvez être parfaitement équitables à l'égard de chacune de vos femmes, même si vous en avez le désir. » Et si l'homme a le droit d'être polygame, il n'est aucunement question que la femme soit polyandre.
Le Coran dit encore : « Vos femmes sont pour vous un champ de labour : allez à votre champ, comme vous le voudrez, mais faites auparavant une bonne action à votre profit. » (Sourate 2, v. 223.)

Divorce et répudiation

Seul l'homme peut répudier la femme. Le contraire n'est pas possible. Mais la répudiation est elle aussi codifiée : elle ne doit

La question du voile

La femme doit-elle se voiler ? « Dis à tes épouses, à tes filles et aux femmes des croyants de se couvrir de leurs voiles : c'est pour elles le meilleur moyen de se faire connaître et de ne pas être offensées. » (Sourate 33, v. 59.) Cela semble clair et sans appel. Pourtant dans la même sourate, Dieu dit au Prophète : « Il ne t'est plus permis de changer d'épouses ni de prendre d'autres femmes, en dehors de tes esclaves, même si tu es charmé par la beauté de certaines d'entre elles » (v. 52). Comment juger de la beauté d'une femme si elle a le visage voilé…
Il est, en revanche, clairement recommandé aux femmes de cacher leurs atours, « rabattre leurs voiles sur leur poitrine » et de ne point « frapper le sol de leurs pieds pour montrer leurs atours cachés » (sourate 24, v. 31).
Si l'on admet pour le statut de la femme en islam des avancées réelles par rapport à la période préislamique, ce statut apparaît toutefois aujourd'hui empreint d'inégalités entre les deux sexes et fortement inadapté aux sociétés modernes ou en développement.

pas se faire si la femme est enceinte. Il faudra attendre ses menstruations et bien s'assurer qu'il n'y a aucune semence dans son ventre pour pouvoir le faire.
Certes la femme a aussi le droit de demander le divorce. Mais dans le contexte tribal de l'époque, comme dans celui de notre siècle, on n'a pas de mal à imaginer les conséquences d'un tel acte pour la femme, dans le cadre des pressions familiales ou dans celui du « qu'en-dira-t-on » de la société.

Une réalité plus complexe

Mais y a-t-il une « femme musulmane » ? Qu'y a-t-il de commun entre la bourgeoise sunnite du Caire, la fermière chiite du Sud-Liban et l'Afghane sous le régime taliban ? Au-delà des prescriptions coraniques, chaque pays, chaque communauté nationale donne aux femmes un statut particulier, différent et diversifié. Il n'en reste pas moins que le statut de la femme dans l'islam en général sera déterminant dans l'évolution des pays musulmans dans les années à venir.

Le wahhabisme ou l'islam sans frontière

Doctrine sunnite installée depuis plus de deux siècles en lointaine Arabie, le wahhabisme représente aujourd'hui un des courants les plus importants de l'islamisme radical contemporain et exerce son influence dans le monde entier.
Les wahhabites sont aujourd'hui riches grâce à une manne pétrolière inépuisable, avec une production de plus de huit millions de barils par jour et les plus importantes réserves du monde. Ce trésor de guerre n'est pas étranger à l'expansion fulgurante de l'islamisme en général et du courant wahhabite en particulier.

L'alliance du sabre et du Livre sacré

Mohammed Ibn Abd el-Wahhab, le fondateur du wahhabisme, est un dignitaire religieux d'Arabie du XVIIIe siècle. Formé au sein de l'école hanbalite, il est encore plus rigoureux que ses maîtres à penser. Il condamne « les innovations blâmables », allant jusqu'à proscrire des actes aussi anodins et divers que l'usage nouveau du tabac ou celui du chapelet.
Par principe, tout ce qui est survenu après la Révélation est pour lui blâmable ; toute pratique, tout objet qui n'est pas mentionné par le Prophète est illicite. En 1742, sa rencontre avec un chef de tribu ambitieux, Ibn Séoud, va permettre l'expansion du wahhabisme à toute la péninsule Arabique et faire de cette pensée la doctrine officielle de l'Arabie saoudite aujourd'hui.

Une doctrine violente et répressive

L'influence de toute nouveauté, sur la vie, mais aussi sur la moralité du musulman, doit être minutieusement passée au crible : tout changement est pour le wahhabite préjudiciable à l'équilibre établi. Sa rigueur va plus loin encore : il prescrit la stricte application de la loi islamique, la *chari'a*, même en matière pénale (ablation du poignet pour les voleurs, lapidation pour la femme adultère...).

Une nation musulmane sans frontières

Les Saoudiens soulignent volontairement la distinction sinon l'opposition entre la nation arabe et la nation musulmane. Ils rejettent le nationalisme (*kawmiyya*), vague copie des nationalismes européens, laïques et athées, qui risque de redonner vie à l'antique fanatisme tribal (*'asabiyya*) stigmatisé par le Coran. Les wahhabites rappellent, à chaque occasion, à leurs interlocuteurs occidentaux que ce nationalisme est l'invention de chrétiens arabes laïcs qui, au XIXe siècle, « cherchaient à regrouper au sein d'une même appartenance nationale, et à égalité, juifs, chrétiens et musulmans, communistes et athées pourvu qu'ils se disent tous arabes ». Pour les Saoudiens, un tel projet est « inadmissible en islam ». Pour eux, il existe une seule nation musulmane, sans frontières, dont la péninsule Arabique est naturellement le centre géographique. Le pèlerinage (*al-hajj*) et les congrès islamiques en sont les manifestations vivantes.

Le chef, à la fois calife et roi

Le système politique wahhabite s'articule autour du personnage central du chef : le *raïs*, le *khalîfa* (calife). Selon la tradition – son statut ne relève pas d'un dogme –, ce dernier a la double mission de défendre la foi et de gouverner la communauté. Il ne peut désigner son successeur, dont le choix est ratifié par la communauté ou par les oulémas (docteurs de la loi). Il peut être révoqué s'il ne remplit pas sa mission. Il ne peut ni toucher au dogme, ni procéder à une réforme religieuse. Ce chef doit diriger la *Oumma*, à la fois communauté et nation (voir clé 38).

Entre ce chef et la *Oumma*, il faut un gouvernement conforme à l'islam. Pour les wahhabites, la monarchie est la meilleure forme de gouvernement, la seule qui puisse assurer une continuité. Le roi est entouré à la fois d'un conseil consultatif (*Majliss al-choura*) et d'un gouvernement.

Les capitaux d'un islamisme activiste

La Ligue islamique mondiale

Organisation non gouvernementale (ONG), la Ligue islamique mondiale (Al-Rabita al-islamiya al-'alamiya) a été créée à La Mecque, en 1962, sous l'impulsion du prince héritier de l'époque, Fayçal Ben Abdel Aziz. Le monde arabe est alors à l'apogée de l'ère nassérienne et la dynastie wahhabite cherche à créer un contrepoids.

La Rabita a vocation de « défendre les minorités islamiques dans les pays non musulmans ». C'est une vraie machine de guerre, extrêmement structurée : un secrétaire général, toujours saoudien, centralise toutes les activités à La Mecque et a les pleins pouvoirs. Il nomme les conseils régionaux islamiques, présents dans chaque continent. Celui d'Europe a son siège à Londres.

Le secrétaire général désigne aussi les membres du Conseil mondial des mosquées, qui doit coordonner, gérer et financer la construction des lieux de culte. La branche européenne se trouve à Bruxelles. Enfin, dans chaque pays, il installe un Bureau de l'Organisation de la Ligue islamique mondiale (BOLIM).

À travers cette toile tissée depuis près de quarante ans, l'Arabie saoudite finance les organisations islamistes en Europe et en France. La Ligue, ou les organismes qui dépendent d'elle, a à son actif plusieurs projets spectaculaires en Europe : le centre islamique de Bruxelles, les mosquées de Madrid, Rome, Kensington et Copenhague, et en France celles de Mantes-la-Jolie, de Lyon et d'Évry.

L'Organisation de la Conférence islamique

Le second vecteur d'infiltration islamiste saoudienne est l'Organisation de la Conférence islamique (OCI). Cette organisation internationale, sorte de Nations unies du monde musulman, a été fondée en 1965 à l'initiative de Riyad.

C'est auprès de la Banque islamique de développement, créée en 1973 par l'OCI, que les associations peuvent présenter leurs demandes.

La guerre afghane puis celle de Bosnie vont donner l'occasion aux wahhabites d'étendre leur champ d'action. Pour aider « les combattants afghans à lutter contre l'envahisseur soviétique athée », dans la discrétion la plus totale, mais avec une efficacité redoutable, une « Légion islamique des Afghans » sera mise sur pied.

Les réseaux privés

Tout cela coûte cher. Outre la Ligue et l'OCI, des banques islamiques privées sont créées à Genève et en Europe.

Ces banques constituent le troisième axe du financement saoudien de l'islamisme : les réseaux privés. C'est grâce à ces établissements, avec la Ligue et l'OCI, que verront le jour l'université islamique d'Islamabad, capitale du Pakistan, ainsi qu'une vingtaine d'ONG, installées au Pakistan, avec des bureaux en Europe et aux États-Unis.

Mais il n'est pas question de reconnaître un autre pouvoir législatif que les prescriptions de la *chari'a*, dictée par le Coran. Du chef, à la fois calife et roi, dépend également l'exécutif et le pouvoir judiciaire.

Ce n'est pas par hasard qu'on retrouve ce type d'organisation dans tous les mouvements islamistes, l'émir autour duquel s'articule l'organisation faisant fonction à la fois de calife et de roi.

La puissance des pétrodollars

La montée de cet islam radical, dans les années soixante, inquiète pourtant les Saoudiens. Comment admettre, en effet, pour un pays comme l'Arabie saoudite, gardienne des Lieux saints de l'islam, une surenchère sur le plan islamique ? Un seul moyen : contrôler et récupérer. Grâce aux pétrodollars, elle met au point un système sophistiqué qui constitue aujourd'hui un des principaux réseaux économiques de l'islamisme. D'autant plus qu'il ne fallait pas laisser les coudées franches aux mollahs iraniens arrivés au pouvoir à Téhéran, en 1979, dans les bagages de Khomeiny. Car la Révolution iranienne revêt, aux yeux des wahhabites, une triple tare : elle est d'abord non arabe, perse et chiite ; de plus, sur le plan géostratégique régional, elle constitue un rival sérieux pour l'Arabie saoudite ; enfin l'Iran, grand pays pétrolier, est capable, lui aussi, d'engranger une richesse financière comparable à celle des Saoudiens pour contrôler l'islamisme dans le monde…

L'islam en France : une présence récente

Lorsqu'en 1922 le maréchal Lyautey décide de faire construire l'Institut musulman de Paris (« la Grande Mosquée »), c'est un geste de remerciement et de reconnaissance de sa part pour tous les musulmans de l'Empire morts pour le drapeau tricolore. Mais à l'époque, il n'y avait pas, pour ainsi dire, une véritable présence de l'islam en France.
Il faudra attendre la fin de la guerre d'Algérie et les accords d'Évian pour voir arriver massivement des musulmans en France.

Une main-d'œuvre bon marché

Nous sommes allés les chercher parce qu'il nous fallait alors une main-d'œuvre bon marché, notamment dans trois secteurs industriels : la sidérurgie, l'automobile et le BTP (bâtiment et travaux publics). Selon les chiffres du ministère de l'Intérieur en 1965, on avait fait venir huit cent mille Algériens, quatre cent mille Marocains et deux cent mille Tunisiens. Sans oublier un demi-million de Harkis (les supplétifs de l'armée française durant la guerre d'Algérie) qu'on s'était empressé de parquer dans des camps situés pour la plupart dans la région PACA et plus particulièrement dans le département du Var. Les gouvernements des pays d'origine n'allaient pas laisser partir cette masse de nationaux sans chercher à les surveiller et à les contrôler. Ce qui fut fait à travers les consulats et les associations. Il était très difficile à cette époque de créer une association loi 1901 ; il fallait plusieurs enquêtes de moralité, financières et administratives pour obtenir le feu vert de la préfecture du chef-lieu.
Il n'y eut à l'époque, sur le plan religieux, aucun problème : en 1965, à Billancourt, il y avait déjà des salles de prière près des chaînes de montage.

L'intégration rapide de la deuxième génération

En 1971, la loi sur le regroupement familial est votée par l'Assemblée nationale. Elle sera appliquée en 1974. Or ces immigrés que nous étions allés chercher avaient pour la plupart au *bled,* au village, une famille, voire deux, trois ou quatre épouses, qu'ils ont bien entendu fait venir en France avec tous leurs enfants.

L'administration française n'y était pas préparée. Pourtant la deuxième génération s'est vite intégrée. On pourrait dire qu'elle a procédé à une intégration socio-économique, en montant de petites entreprises, des épiceries, des sociétés de rénovation, d'artisanat...

Un autre événement allait marquer la présence musulmane en France : la libéralisation du droit associatif. À partir de 1982, il a suffi d'informer la préfecture du chef-lieu pour qu'une association loi 1901 devienne légale.

Cette décision a eu une double conséquence : en premier lieu, elle a permis la coupure du cordon ombilical avec les régimes des pays d'origine ; en deuxième lieu, elle a littéralement fait exploser le nombre des associations portant le label « musulman » ou « islamique ». En 1985, on en a répertorié mille sept cent cinquante en France.

Ces associations cherchent toutes à gérer un lieu de culte pour être présentes au sein de la communauté. Il y a en effet sur le territoire de l'Hexagone plus de mille cinq cents lieux de culte ou salles de prière ; mais il n'y a que cinq mosquées, au sens de « Grandes Mosquées-cathédrales » : à Marseille, celle du Bon-Pasteur, à Lyon, à Évry, à Mantes-la-Jolie et bien sûr à Paris.

En l'absence de tout recensement communautaire en France, les estimations donnent une fourchette variant de 4,5 à 5,5 millions de musulmans en France. Plus de la moitié sont des citoyens français de naissance ou par naturalisation.

Conversions et mariage mixtes

Pas de différence entre le Blanc et le Noir,
entre l'Arabe et le non Arabe, si ce n'est leur degré de crainte de Dieu.
(Hadith.)

La pratique de l'islam connaît depuis le milieu des années 1970 une courbe ascendante sur toute la planète, notamment en Afrique subsaharienne et dans les pays européens. Il pourrait s'agir pour la France et l'Allemagne de vingt mille convertis par an. Ce chiffre peut paraître impressionnant et exige quelques remarques et précisions.

Une recherche de spiritualité...

Notre pays subit depuis une vingtaine d'années une véritable explosion de toutes les formes de spiritualité, surtout auprès des jeunes de 18 à 31 ans. C'est aussi auprès de cette tranche d'âge que l'islam semble connaître le plus de succès.

Il apparaîtrait qu'un bon nombre des convertis relevés par les statistiques aient une démarche de « recherche de sens ». Élevés pour la plupart dans des familles frappées de plein fouet par le mouvement de 68, notamment par des parents déchristianisés et refusant d'inculquer à leurs enfants une instruction religieuse traditionnelle, ces jeunes se sont retrouvés immergés dans une société de consommation extrême, totalement désacralisée. Dans une démarche de rejet, ils partent à la recherche d'une spiritualité qu'ils n'ont pas connue.

C'est là que l'islam apporte, sans aucun doute, une réponse globale – et globalisante – aux multiples questions qu'ils se posent. L'attraction se fait aussi dans le cadre du rejet de toute hiérarchie cléricale, à l'égard d'une religion sans clergé, donc sans intermédiaire entre le croyant et son Créateur.

… de fraternité naturelle et de solidarité

On peut également être sensible à l'aspect égalitaire sinon égalitariste de l'islam. Le Prophète n'a-t-il pas dit, selon un hadith : « Pas de différence entre le Blanc et le Noir, entre l'Arabe et le non Arabe si ce n'est leur degré de crainte de Dieu »… La *da'wa*, l'appel de l'islam, rejette toute barrière sociale, raciale ou culturelle. Cela entraîne une fraternité naturelle, un vouloir-vivre ensemble, une solidarité que souligne l'importance d'une vie communautaire dans un monde de plus en plus individualiste. Et c'est sans doute la simplicité de cette vie en communauté qui séduit le plus. L'islam est une religion dépouillée, sans mystère et sans sacrement. En revanche, les statistiques ne tiennent pas compte des personnes qui quittent l'islam, soit pour se convertir au christianisme, soit pour abandonner toute religion. Ils sont nombreux, aujourd'hui, ceux qui s'éloignent peu à peu des religions. Mais il faut savoir que les apostats en islam sont passibles de la peine de mort et que dans ce cas, la discrétion s'impose.

La question difficile des mariages mixtes

La question des mariages mixtes reste souvent douloureuse. En islam, une musulmane ne peut en aucun cas épouser un non-musulman, à moins qu'il ne se convertisse.
En revanche, il est permis à un musulman d'épouser une non-musulmane, sans qu'elle soit obligée de se convertir. Les enfants issus de ce mariage sont considérés aux yeux de l'islam comme musulmans. Or, il arrive malheureusement qu'en cas de divorce, en France et en Europe, l'homme retourne avec l'enfant dans le pays d'origine. La mère européenne se trouve alors séparée de son enfant et la justice de son pays ne peut rien pour elle.
Ces mariages mixtes qui finissent mal – ils constituent heureusement une minorité de cas – restent une pierre d'achoppement dans les relations de la France avec les pays du Maghreb. Mais ces cas souvent tragiques ne sont pas une exclusivité islamique.

L'islamisme en France et en Europe

« Quatre millions de musulmans en France, c'est bien plus que le Prophète n'avait de compagnons au début de l'islam. C'est un début prometteur ! Et la France compte aujourd'hui plus de musulmans que la Libye, le Liban ou tout autre émirat de la péninsule Arabique. » Ce genre de propos, répété à l'envi par certains dirigeants islamistes, effraie : l'islamisme international n'est-il pas en train de tisser sa toile pour envahir nos sociétés occidentales ?

(Ré)islamiser la société

Le phénomène islamiste qui semble s'être emparé du monde arabe et musulman depuis les années 1970 n'est pourtant pas nouveau (voir clé 41). Mais aujourd'hui, l'islamisme a traversé la Méditerranée et atteint nos rives.

Depuis la Révolution iranienne de 1979 et la figure emblématique de l'ayatollah Khomeiny, ce phénomène désigné par intégrisme, fondamentalisme ou par d'autres termes encore qui qualifient l'extrémisme, se prête à tous les amalgames, toutes les simplifications et conforte les clichés alliant xénophobie et peur de l'autre. Derrière chaque musulman se cacherait un islamiste. Chaque islamiste serait un terroriste en puissance. Une constante demeure néanmoins : pour tous les islamistes, l'objectif est de réislamiser les sociétés musulmanes et d'islamiser l'Europe et l'Occident par l'application de la *chari'a*, la loi islamique. Est-ce à dire que les islamistes ont un plan secret visant à investir la France ou l'Europe ? Il n'en est rien.

Comme bien des catholiques, les musulmans en France pratiquent peu, même s'ils se réclament de l'islam. Selon les statistiques, la part de pratiquants réguliers ne dépasserait pas 15 % dont un dixième seulement se réclamerait d'un islam radical.

La prise d'influence plutôt que le terrorisme

Certains revendiquent au nom du *jihad* (voir clé 36) des actions terroristes, en France, en Europe, en Israël mais aussi en Palestine ou en Algérie. Aux quatre coins de la planète islamique, ces mouvements luttent avant tout pour renverser un régime considéré comme impie, traître, corrompu. Ces courants islamistes sont universalistes. Du moins leur influence dépasse-t-elle largement la frontière de leurs pays d'origine, en Afghanistan, en Bosnie, en Tchétchénie, aux Philippines, au Cachemire, etc. Leur stratégie consiste à déstabiliser par la terreur le régime et les structures en place.

La plupart des courants islamistes en Europe cherchent plutôt à s'emparer du pouvoir au sein des communautés musulmanes qui ne disposent pas de structures de représentativité. Ils créent à cet effet des associations chargées de gérer les lieux de prière, d'études ou d'accueil social. Ce faisant, ils s'imposent comme interlocuteurs des pouvoirs publics dans le pays d'accueil et, à partir de cette reconnaissance, renforcent leur influence au sein de leur propre communauté.

À la différence des mouvements terroristes, ces courants ne se placent jamais hors la loi. Bien au contraire. Connaissant parfaitement nos lois, ils cherchent à acquérir, dans un cadre légal, des avantages réels dans la vie quotidienne. Chaque bénéfice obtenu renforce leur position, à la fois vis-à-vis des pouvoirs publics européens et au sein de leur communauté.

Un barrage à l'intégration

Néanmoins, à long terme, ces courants de pensée sont dangereux, car ils luttent contre toute intégration des musulmans dans nos sociétés. Ils œuvrent patiemment pour s'infiltrer dans les réseaux associatifs, les réseaux de la foi et des mosquées, pour profiter des réseaux économiques et, *in fine*, pour obtenir une parcelle de représentativité.

À la différence des terroristes, qui, eux, relèvent de l'appareil policier et judiciaire, ces islamistes non violents devraient inquiéter l'éducateur, le sociologue et surtout le politique. En s'emparant peu à peu du pouvoir au sein de la communauté et en proclamant le danger de toute forme d'intégration (« un musulman intégré est un musulman perdu pour la *Oumma* »), ils cherchent en définitive à créer une société spécifique en marge des communautés nationales.

Le cas particulier du GIA

Le GIA (Groupe islamique armé), qui frappe à Alger ou à Paris, n'est plus qu'une organisation terroriste comme une autre, dont l'approche relève des traitements policier et judiciaire. En Algérie, il dispose de filières d'exfiltration, mises au point et rodées depuis dix ans. En Europe, ses membres sont ainsi accueillis par des « amis », militants de longue date, avec lesquels ils sont restés en contact. L'ami en question reste bien sûr blanc comme neige ; en aucune manière il ne se compromet.

Trois filières différentes alimentent de cette façon les maquis algériens : celle des faux papiers pour assurer les déplacements et la sécurité des militants, celle de la drogue et celle des armes payées par la drogue. La Suisse et la Belgique sont les plaques tournantes de ces trafics.

Identité et pratiques communautaires

On voit de plus en plus de musulmans afficher, en France et en Europe, leur pratique cultuelle : prières, jeûne du ramadan, etc. Lorsqu'on leur pose la question, on s'entend souvent répondre qu'il s'agit là d'une affirmation identitaire. En fait, ce retour à la religiosité s'explique aussi par un long processus lié à l'évolution de la famille musulmane dans les pays d'accueil.

L'intégration discrète des premières générations

Lorsque la France, dans les années soixante, l'époque des Trente Glorieuses et du « baby-boom », a puisé dans ses anciennes colonies et dans ses protectorats une main-d'œuvre bon marché, il n'y avait pas vraiment de présence musulmane sur le Vieux Continent. Cette première génération ne posait aucun problème sur le plan religieux et pratiquait naturellement sa religion (voir clé 46).

Avec l'application en 1974 de la loi sur le regroupement familial, l'apparition d'une deuxième génération – les enfants de ces immigrés – va rendre l'islam plus visible, d'autant que la France n'est plus en période de plein emploi. Néanmoins, l'intégration se poursuit avec succès. La multiplication des créations d'entreprises en est un signe. La pratique de l'islam n'est pas une priorité et l'affirmation identitaire, si elle existe, ne passe pas par la religion.

Français et musulman ? Français ou musulman ?

La troisième génération va naître française. Certes, les jeunes portent souvent des prénoms qui soulignent leur origine. Mais ce n'est que plus tard, vers l'adolescence, qu'ils vont, sous le regard de l'autre, ressentir de plus en plus la différence et désormais la revendiquer. Ils vont se découvrir musulmans. Une double déstructuration risque alors de s'opérer, à la fois identitaire et familiale.

Identitaire, car la première rébellion va se faire contre les parents, qui ne leur ont pas toujours enseigné l'islam, auquel bien sûr – comme la plupart des jeunes de leur âge – ils ne connaissent absolument rien. Se retrouvant sans identité – ou du moins le croient-ils, ils vont aller vers le premier venu estimé capable d'expliquer ce que c'est qu'être musulman. Certains iront vers des mosquées, tenues ou non par des islamistes ; d'autres rencontreront des amis déjà engagés dans un processus de réislamisation ; d'autres enfin, qu'un parcours difficile a conduit vers la délinquance, se verront réislamisés dans les prisons.

Familiale, parce que ce jeune voit le pouvoir patriarcal – celui de son père et de son grand-père – se diluer en faveur d'un autre pouvoir, celui du savoir. Or le savoir est détenu en famille par les jeunes filles qui réussissent à l'école, réussissent à l'université et, comble de l'aberration pour lui, arrivent à trouver du travail. Une situation qui va à l'encontre de tout ce qu'on lui a appris sur la tradition de sa culture d'origine ! C'est aussi pour cette raison que certains d'entre eux essaieront dans un premier temps de récupérer une partie de ce pouvoir par l'argent. C'est une des causes de la délinquance évoquée plus haut.

En marge de la communauté nationale

La restructuration se fera autour de l'islam. Terrain quasiment vierge, ces jeunes hommes constituent une cible idéale pour les courants de pensée islamistes.

La pratique communautaire ne sera pas seulement un moyen de trouver leur identité islamique mais aussi de la revendiquer, de la rendre exclusive : ils participeront, souvent à leur insu, à la construction d'une société close – celle dont rêvent les islamistes radicaux – marginalisée par rapport au reste de la communauté nationale.

L'islamisme est-il un frein pour l'intégration ?

… Rien n'est moins sûr. Ce qu'on vient de décrire dans la clé précédente ne concerne qu'une infime minorité de musulmans d'Europe et de France en particulier. Certes, les risques existent. Il faut pourtant éviter les amalgames et apporter certaines précisions.

Tous les musulmans ne sont pas islamistes

Si l'on s'en tient aux statistiques réalisées entre 1984 et 1996, près de 15 % des musulmans de France sont pratiquants ; ce chiffre monte à près de 33 % au cours du jeûne du mois de ramadan. Parmi ces pratiquants, guère plus de 7 % se réclament d'un des courants d'idées et d'opinions islamistes qui existent dans notre pays.

La plupart des musulmans ne sont pas islamistes, c'est-à-dire ne veulent en aucun cas islamiser ou réislamiser l'environnement dans lequel ils vivent. Pour certains d'entre eux, les pays occidentaux, malgré leurs inégalités socio-économiques, restent une chance de libération ou de promotion intellectuelle. Non par rapport à l'islam, mais en regard des traditions et des pratiques de leur pays d'origine.

Tous les islamistes ne sont pas terroristes

Tous les islamistes ne sont pas terroristes. Bien plus, la plupart des islamistes ne sont pas violents. Sont-ils pour autant moins dangereux ?

L'arrivée d'islamistes dans un endroit « chaud », sensible, rassure généralement les pouvoirs publics et les riverains, dans la mesure où leur présence contribue souvent à y apporter plus de calme et de tranquillité. Pourtant, les conceptions qu'ils prônent rejettent catégoriquement toute idée d'intégration, car elles créent des barrières infranchissables entre les musulmans en Occident et les autres membres de la société.

Il faut ici préciser que les premières victimes des islamistes sont les musulmans eux-mêmes. Ce sont eux, en effet, qui subissent la censure, la rumeur et toutes les contraintes que les islamistes peuvent leur faire subir en les désignant comme de « mauvais musulmans ».

90 % des musulmans de France sont intégrés

Il faut savoir raison garder : plus de 90 % des musulmans de France sont intégrés. L'intégration républicaine est toujours en marche, même si elle a connu quelques accrocs, car c'était la première fois que la République laïque avait à intégrer non pas une religion – ce n'est pas sa vocation –, mais une civilisation et une culture qui n'avaient rien à voir avec le tronc commun des intégrations précédentes, italienne, polonaise et d'autres pays d'Europe. Il a fallu un temps d'adaptation, de reconnaissance, de formation : si les meilleurs orientalistes et islamologues étaient en France il y a encore un demi-siècle, il n'y en avait quasiment plus dans l'administration.

Les islamistes, eux, connaissent parfaitement notre culture ; nous ignorons tout de la leur. D'ailleurs les amalgames que nous présentent parfois les médias viennent avant tout d'une inculture, d'une méconnaissance. Et toute méconnaissance engendre la peur de l'autre, qui à son tour entraîne le rejet et l'exclusion. Heureusement, depuis peu, l'histoire des religions est au programme de l'Éducation nationale.

Postface

Les sirènes intégristes

par le docteur Dalil Boubakeur, recteur de l'Institut musulman de la Grande Mosquée de Paris

Aujourd'hui plus que jamais, les musulmans doivent sortir de leur torpeur dogmatique ankylosante pour vivre dans le monde tel qu'il est. Si effectivement, à travers le monde, les communautés musulmanes ont besoin de sacré et trouvent dans la doctrine des satisfactions intellectuelles captivantes, quoi de plus naturel ? Cependant, les musulmans n'étant que ce qu'ils sont, des êtres humains comme les autres, leurs difficultés ne peuvent être méconnues ou contournées : surpopulation, urbanisation folle, déficit du développement, etc. Face à ces constats, le mirage le plus dangereux qui les menace est sans nul doute celui de l'intégrisme religieux. Mais les catholiques ont connu tout cela à travers l'histoire de leur Église.

Entendons-nous, il ne s'agit pas de critiquer la saine pratique d'une croyance (*al-Aqida*) qui affirme si fort et si nettement la conception du Dieu Unique, son rapport de transcendance aux hommes et la voie spiritualiste qui mène à Lui, au contraire… Bien loin de nier les bienfaits de la spiritualité, il s'agirait même d'en renforcer la pratique en méditant sur les vérités ésotériques du Coran à travers les siècles, qu'un excès de littéralisme religieux, récemment apparu dans le monde de l'islam, vient supplanter sinon combattre dans le cœur et l'âme des musulmans.

L'islam est un tout. Mais on ne peut pas y mettre toutes les spéculations humaines sous prétexte de fondamentalisme religieux en érigeant, par exemple, le retour aux gens du passé (*solaf*) comme systématiquement supérieurs aux modernes (*akhlaf*). Faut-il ainsi nier les acquis de l'Humanité dans sa marche vers la connaissance et, incidemment, les retombées techniques qui en découlent ? Cette attitude intolérante vis-à-vis de la modernité, où tout n'est pas sans taches, loin de là, rappelle la crainte rétive de l'Humanité à ses débuts face au progrès et les « dangers » pouvant menacer l'homme et son devenir.

Cette paralysie face au présent n'est pas, en réalité, une simple inadaptation des musulmans à la modernité, car il est préférable de parler ici des musulmans, et de certains parmi eux, et non parler de l'islam qui, comme chacun le sait n'a pas de limite spatio-temporelle. Là aussi, entretenir constamment la contre-vérité que tout progrès n'est qu'occidental et que toute modernité n'est qu'innovation blâmable est le prétexte fallacieux de toutes ces formations intégristes qui cherchent un argumentaire simpliste, mais idéologiquement mobilisateur, pour mieux manipuler et dresser les masses musulmanes et particulièrement les jeunes confrontés à la misère sociale.

Plus effrayant, l'éventualité d'une Troisième Guerre mondiale, voire son avènement, est inscrite dans la doctrine des « jusqu'au-boutistes » de cet extrémisme musulman. Elle est illustrée par les célébrissimes Frères musulmans qui voient, là, la fin d'un Occident abhorré, laissant enfin la place à une utopique et eschatologique communauté de croyants (*Dar al-Islam*), conquérante et seule détentrice de la vérité. L'écrasement des avions sur les tours américaines de New York, le 11 septembre 2001, marque le commencement de l'exécution de ce projet délirant d'amener au plus vite ce choc des cultures, prélude à l'avènement des temps messianiques.

Le constat est accablant. Des milliers de victimes, mortes sans savoir pourquoi. Le calvaire et la mort pour bien de nos jeunes perdus à Peshawar ou à Guantanamo. Au final, l'Occident est autant victime de son insoutenable légèreté que toute cette jeunesse l'est de sa cruelle confiance dans les lendemains que chantent les sirènes intégristes. Le langage doucereux de ces intégristes, arrangé et adapté à chaque circonstance où ils doivent convaincre de leur bonne foi et de l'absence de dangerosité de leur idéologie, mélange subtilement religion et politique, religion et problèmes sociaux, religion et haine, religion et violence. Cette duplicité de leur discours (*silmiyya*) à usage externe – c'est une formation – cache très bien son jeu et endort tout le monde. L'Occident en premier. L'adversaire, n'est-ce pas, est ailleurs… ce sont les dictateurs corrompus du monde arabo-musulman, et il est urgent de renverser les structures fragilisées de ces pays grâce notamment à une lecture de la religion vectorisée par les anathèmes intégristes. Cette duplicité du discours a fonctionné et fonctionne encore. Quelle aubaine pour ces intégristes !

Malheureusement, c'est à New York, à Washington et à Londres qu'éclatent les effets les plus spectaculaires du réveil de l'Occident après son engourdissement vis-à-vis de ces intégristes. Pourtant, la séduction mortifère de leur idéologie extrémiste poursuit son œuvre. L'araignée intégriste tisse partout une toile soyeuse de filets invisibles pour tromper sa proie qui, invinciblement, sera saisie avec douceur, paralysée par des sucs appropriés, avant d'être « religieusement » consommée.

Face à cette offensive larvée des intégristes, que souhaite la majorité des musulmans de France et la Grande Mosquée de Paris ? La laïcité, oui, assurément ! Car la laïcité est un cadre juridique important de la liberté des cultes. C'est une évolution de la modernité pour l'islam vers laquelle beaucoup de pays musulmans se dirigent. Notre souhait, c'est de voir la religion être prise en considération comme un fait de société important, source de valeurs, de morale et d'éthique qui a sa place dans l'espace sociétal, aussi bien public que privé. Que l'Europe et la laïcité de demain soient le berceau, non pas d'une refonte de la laïcité, non, loin de là, mais d'une évolution. En effet, si la loi de 1905 possède quarante-quatre articles, nous pourrions, comme le législateur, évoluer vers une meilleure considération pour les nouvelles religions de l'Hexagone.

Nous observons tous aujourd'hui que les nouveaux aspects de la pratique de la religion ne sont plus ceux du XVIIIe ou du XIXe siècle. La pratique individuelle et l'expérience religieuse personnelle ont évolué. Elles sont en passe d'être véritablement la manière dont le futur citoyen, qu'il soit musulman, juif ou chrétien de l'Europe, pratiquera son culte. Il faut incontestablement en tenir compte et respecter sa spiritualité dans un endroit commun, où la laïcité et la religion concordent leurs actions au service de l'Homme et de la Paix sociale. Il est hors de question pour nous d'opposer la laïcité à la religion. Le maître mot, c'est le respect de l'identité.

Repères chronologiques

570	naissance de Mouhammad.
610	début de la prédication.
622	hégire de Mouhammad à Médine, début de l'ère islamique.
632	mort de Mouhammad. Après cette date, les Arabes conquièrent la Sicile, la Mésopotamie et l'Afrique du Nord. Ils pénètrent en Espagne et en Inde.
632-634	Abou Bakr, premier calife, rassemble les révélations faites par Allah à Mouhammad, qui constituent le Coran.
634-644	Omar, deuxième calife.
644-656	Othman, troisième calife. Rédaction du Coran.
656-661	Ali, quatrième calife et premier imam.
657	bataille de Siffin sur l'Euphrate entre Ali et Mou'awiyya. Naissance des kharejites.
661	mort d'Ali.
661-750	califat des Omeyyades (siège : Damas).
680	mort de Hussein dans la bataille de Kerbala et séparation définitive entre sunnites et chiites.
732	bataille de Poitiers.
750-1258	califat des Abbassides (siège : Bagdad).
756-1031	domination des Omeyyades en Espagne.
765	mort de Ja'far al-Sâdiq, VIe imam et père d'Ismaël, VIIe imam des ismaéliens.
767	mort d'Abou Hanifa, fondateur des hanafites.
795	mort de Malik Ibn Anas, fondateur des malékites.
820	mort d'Al-Châfe'i, fondateur des châféites.
855	mort de Ahmad Ibn Hanbal, fondateur des hanbalites.
874	disparition de Mouhammad al-Muntadhar, XIIe imam des duodécimains.

890-906	Hamdân Qarmat fonde le courant des qarmates.
922	exécution, à Bagdad, du mystique al-Hallâj pour hérésie.
909-1171	califat des Fatimides en Égypte et en Syrie.
1095	le pape Urbain II appelle les chrétiens à la première croisade qui aura lieu en 1099.
1111	mort du philosophe et mystique al-Ghazâlî.
1207-1922	dynastie turque des Ottomans.
1453	fin de l'Empire byzantin : le sultan ottoman M'hamed II conquiert Constantinople.
1492	conquête de Grenade par les souverains espagnols. C'est la fin de l'occupation islamique en Espagne.
1526-1806	dynastie moghole en Inde.
1529	les Ottomans sont aux portes de Vienne.
1571	victoire des Vénitiens et des Espagnols à la bataille navale de Lépante.
1780	Mouhammad Ibn Abd el-Wahhab réforme la religion musulmane en Arabie.
1880	fondation de la confrérie des Ahmadis en Inde.
1880-1920	développement du courant préislamique.
1881-1898	révolte du Mahdi au Soudan.
1922-1924	Kemal Atatürk, homme politique turc, abolit le sultanat et l'ex-sultan Mouhammad VI renonce aussi au titre de calife.
1928	fondation des Frères musulmans à Ismaïlia.
1945	fondation de la Ligue arabe au Caire.
1947	le Pakistan devient un État musulman indépendant.
1948	création de l'État d'Israël et première guerre israélo-arabe.
1979	chute de Mouhammad Rezâ Shah. Proclamation de la République islamique d'Iran.
1900-1989	Ruhollah Khomeiny.

Glossaire

Adab : « Belles Lettres » destinées à l'éducation de « l'honnête homme ».

Adala : justice.

Adhân : l'appel à la prière.

Ahl al-Beyt : « les gens de la Maison », c'est-à-dire la famille du Prophète.

Ahl al-Kitab : « les gens du Livre », c'est-à-dire les juifs et les chrétiens.

Allah : ce nom connu avant la révélation du Prophète désignait le Dieu créateur. Dans le Coran, Allah est pourvu de nombreux attributs : il est le Subsistant, l'Unique, l'Éternel sans pareil, sans contraire… Le Livre lui donne 99 noms pour que, par eux, les hommes puissent l'invoquer. C'est un terme qu'utilisent aussi les chrétiens en Orient.

Anges : du grec *angelos*, « messager ». Êtres immatériels créés par Dieu pour lui servir de messagers auprès des hommes. Certains d'entre eux lui désobéirent et sont appelés couramment démons ou diables.

Ansar : « défenseurs » médinois qui accueillirent le Prophète.

Ayatollah : « le signe de Dieu ». Désigne chez les chiites les membres du clergé de haut rang.

Bab al-Ijtihad : porte de l'effort d'interprétation, close par les sunnites.

Calife : « lieutenant », successeur du Prophète à la tête de la communauté.

Châféisme : à la fois une des quatre écoles juridiques et un rite du sunnisme, le châféisme domine surtout dans les pays de langue arabe et en Basse-Égypte, dans le Delta.

Chahâda : profession de foi musulmane.

Chahid : le combattant-martyr. Sanctifié par le Coran, il a droit au paradis.

Chari'a : Loi musulmane. Au sens originel, « la voie à suivre », telle qu'elle est prescrite par Dieu dans le Coran et la Sunna. D'où son sens de Loi, avec une majuscule.

Cherif (Churafa') : littéralement « noble » ; désigne également les descendants du Prophète.
Chiisme : deuxième schisme de l'islam, en 657. Il existe deux écoles chiites, les duodécimains, qui vénèrent douze imams et les ismaéliens, qui en vénèrent sept. Environ 10 % des musulmans sont chiites.
Coran : le Livre saint des musulmans, dicté en arabe par Dieu à Mahomet.
Dar al-Islam : le monde de l'Islam.
Dar al-Harb : le monde de la Guerre.
Dar al-Sulh : le monde de la Trêve, de la conciliation.
Dars : la leçon qui précède parfois la prière du vendredi.
Dhikr : formule rituelle, invocation répétée du nom d'Allah.
Dhimma : statut de protection des gens du Livre (juifs, chrétiens et zoroastriens) appelés *dhimmis.*
Dhimmi : non-musulman protégé par la communauté, « gens du pacte ».
Din : religion.
Fana : processus d'anéantissement en Dieu.
Fatiha : première sourate du Coran.
Fatwa : édit religieux.
Fidaï (au pluriel Fidaiyin) : celui qui sacrifie sa vie.
Fiqh : science du droit musulman. Sa racine veut dire « connaître, examiner ». Désigne le droit musulman élaboré par des théologiens juristes, les *Fuqaha* (au singulier *Faqih*). L'interprétation des sources de l'islam est considérée comme close depuis le IXe siècle.
Fin des Temps : Terme ultime de l'univers tel que nous le connaissons et moment où tous les hommes seront appelés en jugement devant Dieu. On parle dans l'islam du Jour de la résurrection.
Hadith : propos du Prophète dont la somme constitue la Sunna.
Hajj : pèlerinage de La Mecque. Ce mot est également un titre pour le musulman qui a accompli ce pèlerinage. Il se place alors devant le nom propre.

Hallal : licite. Se dit de la viande des animaux qui ont été saignés conformément aux prescriptions coraniques.
Hanif : croyant en un seul dieu.
Haram : « interdit », « sacré ».
Harem : appartement des femmes ; désigne aussi les femmes qui l'habitent.
Hégire : départ de Mahomet de La Mecque pour Médine, en 622. Début de l'ère musulmane.
Hijab : foulard, souvent noir, destiné à cacher les cheveux.
Hikma : sagesse.
Hujjat al-islam : membre du clergé chiite de rang intermédiaire.
Ijma' : consensus des croyants.
Ijtihad : effort personnel de recherche et d'interprétation du Coran, des hadith et de la Sunna.
Ikhwan : « frères », adeptes d'une confrérie religieuse.
Imam : directeur de la prière du vendredi à la mosquée ; chez les chiites, chef de la communauté.
Iman : foi.
Isnad : chaîne des transmetteurs d'un hadith.
Jabar : toute-puissance divine.
Jihad : ce terme qui désigne l'effort sur soi-même en vue de l'application de la Loi divine sur terre a été pris abusivement au sens de combat, voire d'acte de guerre, alors que sa connotation religieuse en fait plutôt un appel à la conversion des âmes. Mais l'histoire montre que la conversion des âmes a pu parfois se traduire par un effort militaire pour renforcer et étendre la communauté religieuse.
Kaaba : sanctuaire des musulmans à La Mecque.
Kafir : infidèle.
Khalîfa : calife.
Kharejisme : premier schisme de l'islam, en 657. Les kharejites, « les sortants », partisans d'Ali, représentent moins de 1 % des musulmans.
Khotba : sermon du vendredi à la mosquée.
Kitâb : livre.

Koreiche : tribu arabe mecquoise, dont fait partie le clan des Hachem, auquel appartient Mahomet.
Kufr : infidélité.
Kuttab : école coranique.
Madrassa : collège théologien d'État.
Mahdi : « celui qui est guidé par Dieu », messie.
Malékisme : école juridique sunnite faisant une large place à la coutume. Rite surtout pratiqué au Maghreb.
Masjid : lieu de prière, mosquée.
Mawla : « client », nouveau converti.
Mihrab : niche indiquant la position de La Mecque dans une mosquée.
Minaret : tour pour l'appel à la prière.
Minbar : chaire à prêcher pour la prière du vendredi.
Mollah : religieux du bas de la hiérarchie chiite.
Mouhajiroun : compagnons du Prophète lors de l'émigration de La Mecque à Médine.
Moujahid : celui qui mène le jihad au nom d'Allah.
Moujtahid : savant théologien autorisé à statuer en matière de droit canon. Il est chargé de l'interprétation chez les chiites.
Muezzin : celui qui lance l'appel à la prière.
Musulman : de l'arabe *muslim*, celui qui s'en remet à Dieu. Désigne celui qui adhère volontairement et en conscience à la révélation du Coran et le manifeste par ses actes.
Nabi : prophète.
Omra : petit pèlerinage à La Mecque.
Orthodoxie : caractère de ce qui est strictement conforme à la doctrine d'une religion.
Oumma : terme tiré du Coran qui désigne la communauté des croyants. La *Oumma* se doit d'être unie pour demeurer la référence morale indivise de tous les musulmans.
Oulémas (au singulier 'Alim) : savants en science religieuse musulmane.
Paradis : lieu situé en dehors de notre univers et destiné au séjour de ceux qui après leur mort jouiront de la présence de Dieu.

Prophète : personnage investi par Dieu d'une mission auprès des hommes.
Qadar : décret divin, destin.
Qibla : direction de La Mecque. Mur de la mosquée orienté dans cette direction.
Raka : division de la prière rituelle.
Ramadan : neuvième mois du calendrier lunaire. C'est le mois du jeûne.
Rassoul : messager envoyé de Dieu.
Sadaqa ou Zakat : l'aumône volontaire qui purifie le croyant en l'amenant à secourir les pauvres.
Salafite : celui qui revient à l'origine vraie, à la vérité. Désigne les islamistes, mais aussi parfois les réformistes qui veulent revenir aux sources de l'islam pour mieux recommencer l'interprétation, l'*ijtihad*.
Salam : ce terme qui signifie « la paix » fait partie des attributs de Dieu. C'est la formule traditionnelle de salutation dans tout l'islam.
Sawm : jeûne.
Soufis : mystiques.
Sourate : nom donné aux chapitres du Coran qui en contient 114 et 6 226 versets. Le classement des sourates a été effectué selon leur longueur, en ordre décroissant, sauf pour la première d'entre elles, la *Fatiha,* « l'Ouvrante », qui ne comporte que 7 versets. Toutes les sourates, sauf une, commencent par la formule « Au nom de Dieu, le Clément, le Miséricordieux ». 19 d'entre elles sont précédées de quelques lettres dont on ignore la signification.
Sunna : tradition du Prophète, composée de hadith.
Tafsir : commentaire du Coran.
Takbir : récitation de la formule *Allah Akbar*, c'est-à-dire « Dieu est le plus Grand ». Prononcée au début de chaque prière, elle est répétée cinq fois ensuite. L'appel à la prière et la prière mortuaire sont précédés d'un quadruple *takbir*.
Tassawouf : mystique musulmane.
Tariqa : voie spirituelle propre à une confrérie.
Tawhid : affirmation de l'unicité divine.

Ta'wil : interprétation des textes.
Tchador : mot iranien désignant le voile, noir en général, qui enveloppe le corps des femmes. En afghan, on dit *tchadri*.
Traditionniste : celui qui recueille les hadith du Prophète.
Wahhabisme : rite inspiré du hanbalisme. Introduit par le réformateur piétiste Mouhammad Ibn Abd el-Wahhab (1703-1792), il est pratiqué en Arabie saoudite.
Wali : gouverneur, ami et saint.
Zakat : l'aumône légale, l'une des cinq obligations de l'islam. Annuelle, elle purifie le croyant en l'amenant à secourir les pauvres comme l'aumône volontaire.
Zawia : confrérie.

Bibliographie

L'ISLAM

Le Dieu du Croissant fertile, Odon VALLET (Découvertes Gallimard, 1999).

L'islam, Anne-Marie DELCAMBRE (La Découverte, 1991).

Dictionnaire encyclopédique de l'islam, Cyril GLASSÉ (Bordas, 1991).

L'islam, Dominique SOURDEL (coll. Que sais-je ? n° 355, PUF).

Fatima et les filles de Mahomet, Henri LAMMENS (Institut biblique pontifical, Rome, 1912).

Le livre de l'échelle de Mahomet, version latine et française (Le Livre de poche, 1991).

Le voyage nocturne de Mahomet, Sophie POMMIER (Gallimard jeunesse, 1995).

La prière en Islam, Éva de VITRAY-MEYEROVITCH (Albin Michel, 1998).

Le Dôme du Rocher, joyau de Jérusalem, Oleg GRABAR, photos de Saïd NUSEIBEH (Albin Michel, 1997).

Jérusalem, le guide Autrement, Caroline ARNOULD (Autrement, 1998).

Encyclopédie de l'amour en Islam, Malek CHEBEL (Payot, 1995).

MAHOMET

Mahomet, Maxime RODINSON (Seuil, 1994).

Le seigneur des tribus : l'islam de Mahomet, Jacqueline CHABBI (Noêsis, 1997).

Mahomet, la parole d'Allah, Anne-Marie DELCAMBRE (Découvertes Gallimard, 1987).

LE JIHAD

L'islam et la guerre. De la guerre juste à la révolution sainte, Jean-Paul CHARNAY (Fayard, 1986).

Principes de stratégie arabe, Jean-Paul CHARNAY (L'Herne, 1984).

Traumatismes musulmans, Jean-Paul Charnay (Afkar, Al Bouraq, 1993).

ISLAM ET CHRISTIANISME

Jésus, fils de Marie, prophète de l'islam, Roger Arnaldez (Desclée de Brouwer, 1980).

Le christianisme et les religions du monde, Hans Küng (Seuil, 1986).

Jésus, âme de Dieu, Cheikh Adda Bentounès (Albin Michel, 1999).

LE CHIISME

Thermidor en Iran, Fariba Adelkhah, Jean-François Bayart, Olivier Roy (Complexe, Bruxelles, 1993).

Le chiisme, Heinz Halm (coll. Islamiques, PUF, 1995).

FEMMES EN ISLAM

Le harem et les cousins, Germaine Tillion (Seuil, 1982).

Loin de Médine, Assia Djebar (Albin Michel, 1991).

Le monde arabe au féminin, Ghita El Khayat (L'Harmattan, 1985).

Le harem politique, le prophète et les femmes, Fatima Mernissi (Albin Michel, 1987).

Les femmes du Prophète, Magali Morsy (Mercure de France, 1989).

La femme voilée, l'islam au féminin, Juliette Minces (Calman-Lévy, 1990).

La face cachée d'Ève, Naoual Saadaoui (Éd. des Femmes, 1982).

La femme lapidée, Freidoune Sahebjam (Grasset, 1990).

Des mères contre les femmes, Camille Lacoste-Dujardin (La Découverte, 1986).

ISLAMISME

L'islamisme, une révolution avortée, Antoine Basbous (Hachette, 2000).

L'islamisme en face, François Burgat (La Découverte, 1995).

L'échec de l'islam politique, Olivier ROY (Le Seuil, 1992).
Les Frères musulmans : Égypte et Syrie, 1928-1982, Olivier CARRÉ, Gérard MICHAUD (Gallimard, 1983).
Pour comprendre l'intégrisme islamique, Martine GOZLAN (Albin Michel, 1995).
Les islamistes algériens, Séverine LABAT (Le Seuil, 1995).
Les dollars de la terreur. Les États-Unis et les islamistes, Richard LABÉVIÈRE (Grasset, 1999).
Les réseaux d'Allah. Les filières islamistes en France et en Europe, Antoine SFEIR (Plon, 2001).

PERSPECTIVES
Plaidoyer pour un islam moderne, Mohammed TALBI (Desclée de Brouwer, 1998).
La cité musulmane, vie sociale et politique, Louis GARDET (J. Vrin, 1981).
Les ulémas d'Al-Azhar dans l'Égypte contemporaine, Malika ZEGHAL (Presses de Sciences-Po, 1996).

Table des encadrés

6e tirage
Mis en pages et réalisé par : IND - 39100 Brevans

Imprimé en France
Dépôt légal : octobre 2007
N° d'édition : 8664-07
N° d'imprimeur : 441201Z
Achevé d'imprimer en octobre 2007
par Jouve S.A.